电子商务类专业
创新型人才培养系列教材

第2版
★
微课版

电子商务
沙盘运营与推广

赵爱香 唐洁 / 主编　　**马明明 徐寿芳 赵苗** / 副主编

人民邮电出版社
北京

图书在版编目（CIP）数据

电子商务沙盘运营与推广：微课版 / 赵爱香，唐洁
主编. -- 2版. -- 北京：人民邮电出版社，2023.11
电子商务类专业创新型人才培养系列教材
ISBN 978-7-115-62646-2

Ⅰ. ①电… Ⅱ. ①赵… ②唐… Ⅲ. ①电子商务—商
业企业管理—计算机管理系统—高等学校—教材 Ⅳ.
①F713.365

中国国家版本馆CIP数据核字(2023)第170093号

内 容 提 要

本书以训练读者的网店运营技能为目标，以全国职业院校技能大赛电子商务技能赛项
为抓手，以中教畅享ITMC电子商务沙盘平台为依托，详细介绍了电子商务沙盘的运营流程。

本书将业务流程、专业知识结合起来，主要内容包括数据魔方、经营流程、辅助工具
介绍、经营分析等。本书将运营知识分散在具体的操作中，每章以中教畅享ITMC电子商务
沙盘平台任务为主，穿插真实网店运营知识。通过学习和训练，读者能够掌握网店运营知
识，达到全国职业院校技能大赛电子商务技能赛项运营项目参赛选手的水平。

本书可作为高等院校、职业院校电子商务相关专业的教学用书，也可供需要掌握电子
商务技能的相关人员培训使用。

- ◆ 主　编　赵爱香　唐　洁
  副 主 编　马明明　徐寿芳　赵　苗
  责任编辑　侯潇雨
  责任印制　王　郁　彭志环
- ◆ 人民邮电出版社出版发行　北京市丰台区成寿寺路 11 号
  邮编　100164　电子邮件　315@ptpress.com.cn
  网址　https://www.ptpress.com.cn
  北京市艺辉印刷有限公司印刷
- ◆ 开本：700×1000　1/16
  印张：10.75　　　　　　　2023 年 11 月第 2 版
  字数：241 千字　　　　　 2025 年 6 月北京第 5 次印刷

定价：39.80 元

读者服务热线：(010)81055256　印装质量热线：(010)81055316
反盗版热线：(010)81055315

Foreword 前言

党的二十大报告指出："加快发展数字经济，促进数字经济和实体经济深度融合，打造具有国际竞争力的数字产业集群。"数字经济、电子商务新业态的快速发展需要大量高技能人才，各院校纷纷开设电子商务专业，着力造就拔尖创新人才。电子商务沙盘实训是电子商务专业的专项能力课程，其核心技能是电子商务运营战略、战术的决策与实施，该技能是电子商务高技能人才必不可少的技能。

本书以实际网店运营流程为引领、以业务流程中涉及的常用知识为主线、以职业资格考核要求为依据，突出对读者运营能力的训练，理论知识的选取配合实训的要求，同时融合相关职业资格证书对知识、能力和素质的要求，全面、详细地介绍了运营流程和操作注意事项等知识，将运营知识分散在具体的操作中。每章以中教畅享ITMC电子商务沙盘平台上的任务为主，穿插真实网店运营知识，依据平台提供的市场模型进行市场分析。全书依据网店运营的流程展开，根据制订的运营策略，租赁办公场所，建立配送中心，装修网店，采购商品；运用搜索引擎、网络广告等推广手段提升流量；针对消费人群开展促销活动，制定商品价格，提高转化率；最后处理订单，配送商品，结算资金；并且规划资金需求，控制成本，分析财务指标，调整经营策略，创造最大利润。整个流程和操作一目了然，教学、自学两相宜。

通过9章的学习和训练，读者不仅能够掌握网店运营知识，还能在完成实训的过程中提升战略规划能力，运用多种手段进行网络营销，掌握客户服务与订单处理、物流配送管理、仓储与库存管理、采购管理、不同支付方式下的资金管理、财务管理与成本控制等技能，并具备团队合作和协调能力。

本书的参考学时为20学时或40学时，建议采用"教学做"一体化的教学模式。各章的参考学时见下面的学时分配表。

学时分配表		
	课 程 内 容	学 时
第1章	ITMC电子商务沙盘概述	2
第2章	数据魔方——商品及关键词数据分析	2
第3章	经营流程——开店篇	2
第4章	经营流程——采购篇	2
第5章	经营流程——推广篇	2
第6章	经营流程——运营篇	2

续表

学时分配表		
第7章	经营流程——财务篇	2
第8章	辅助工具介绍	2
第9章	经营分析	2
小组竞赛	分组实战	2或22
	学时总计	20或40

由于编者水平和经验有限，书中难免有欠妥之处，恳请读者批评指正。

编　者

2023年8月

Contents

01

第1章
ITMC电子商务沙盘概述

┌ 学习目标

（1）了解电子商务沙盘的含义；

（2）理解学习电子商务沙盘的意义；

（3）了解电子商务沙盘和网店运营的关系；

（4）掌握电子商务沙盘的学习方法；

（5）形成在网店运营过程中使用新技术、新模式和新思维的意识。

　　沙盘的适用范围较广，不同行业对沙盘的定义是不一样的。沙盘模拟最初用于西方军事决策，在近几个世纪大大小小的战争中被广泛应用。沙盘在不同的行业有着不同的解释，在军事上，沙盘是指根据地形图、航空相片或实地地形，按一定的比例关系，用泥沙、兵棋和其他材料堆制的模型，主要供指挥员研究地形和作战方案以及演练战术使用。在信息技术方面，沙盘是一种安全软件，可以将一个程序放入沙盘中运行，该沙盘创建、修改、删除的所有文件和注册表都会被虚拟化，也就是说所有操作都是虚拟的，真实的文件和注册表不会被改动，这样可以确保系统的关键部位不被改动、破坏。在房地产行业，房地产开发商为了推销商品房，在房子建成前通过搭建沙盘向消费者展示房屋结构及小区环境，使消费者对房子能有一个直观的印象，从而吸引消费者购买房子；在房地产行业沙盘是一种用于展示的模型、道具。

　　企业一般利用沙盘进行模拟训练，我们把这种沙盘称之为"企业沙盘"。我们还可以进一步对企业沙盘进行分类，如物流企业使用的沙盘称之为物流沙盘，制造企业使用的沙盘称之为企业经营管理沙盘，电子商务企业使用的沙盘称之为电子商务沙盘。

1.1 企业沙盘模拟训练的发展历史

企业沙盘模拟训练是在一种仿真、直观的模拟市场环境中，培训学员综合运用各种管理知识和技能，发挥团队的协作精神，引导企业和部门在与众多竞争对手的激烈角逐中获取最大的经济效益和市场份额的训练课程。企业沙盘模拟训练最早应用于全球最知名的商学院——哈佛商学院。20世纪70年代，借助沙盘推演的理念，哈佛商学院逐渐完善了其享誉世界的"哈佛情景教学"模式，企业模拟沙盘训练的雏形应运而生。到了20世纪80年代，沙盘模拟训练已成为世界500强中80%的企业中高层管理人员首选的企业经营管理培训课程。

1.2 电子商务沙盘的含义

电子商务沙盘是指能够模拟电子商务企业运营过程的一种沙盘工具。电子商务沙盘分为3D立体投影沙盘、推演沙盘和多媒体沙盘。电子商务沙盘有展示内容广、设计手法精湛、展示手段先进、科技含量高等特点。电子商务沙盘在院校教学中已成为实践教学的重要工具之一。电子商务沙盘将企业置身复杂的电子商务网络中，通过模拟电子商务企业的整体运营过程，使学生既能从战略高度来观察电子商务企业管理的全貌，也能从执行角度亲身体验电子商务管理的主要环节，并学习如何解决实践中遇到的典型问题。本书所讲的ITMC电子商务综合实训和竞赛系统就是此类电子商务沙盘。

1.3 学习电子商务沙盘的意义

1.3.1 电子商务专业教育随需应变

在21世纪初期，电子商务的发展处于起步阶段，各个企业的重点都是开发自己的电子商务网站，对电子商务人才的需求停留在网站开发和维护方面，因此对技术的要求比较高，院校培养电子商务人才的定位是网站开发和维护。随着电子商务的发展，以及阿里巴巴、淘宝网、敦煌网等大型电子商务平台的出现，加入这些平台的会员企业越来越多，但企业的员工大多计算机操作水平有限，因此企业需要大量能够操作这些平台的人才，因此在这个阶段，院校培养人才的重点放在培养学生熟练操作各大平台上。随着电子商务以及计算机的普及，越来越多的小微企业也想加入电子商务的浪潮，而且人们对计算机的整体操作水平也越来越高，此时院校培养电子商务专业的学生的重点则放在网店运营上，即培养能够以网上开店的实际操作流程为主线，综合运用网络营销、网上支付、视觉设计、物流配送和客户管理等知识，帮助小微企业在第三方平台上开店和运营的能力。

素质课堂

商务部发布的《中国电子商务报告（2022）》指出："从就业岗位类型看，电子商务专业人才主要分布在三类岗位，一是技术类岗位，主要从事软件/平台的设计与开发、数据分析、算法设计、数据库建设、软件测试与运维等相关的技术工作；二是运营类岗位，主要从事企业网络营销推广、内容运营、平台运营、客户服务、产品运营、新媒体运营、供应链服务、法律服务等平台与店铺运营类工作；三是综合管理类，主要从事企业内部的规划、咨询、组织、协调、监督等工作，包括综合管理、项目经理、产品经理等岗位。

因此，我们也称电子商务专业培养出来的学生为"神"一样的电子商务师，如图1-1所示。

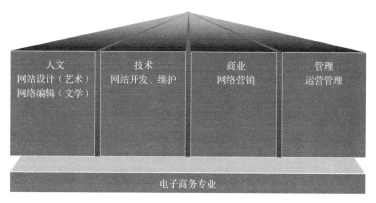

图1-1　"神"一样的电子商务师

1.3.2　为什么要学习电子商务沙盘

电子商务沙盘把企业运营所处的内外部环境定义为规则，由参与者组成多个相互竞争的模拟企业，通过多轮的经营决策，使学生在市场分析、战略制订、采购、营销策划、项目管理、财务管理、人力资源、物流配送、客户服务、网站运营等一系列活动中，学习电子商务知识并增强认知，全面提升专业能力。电子商务沙盘最大的优点是可以在短时间内学习掌握电子商务的核心业务，它具有单项实训和顶岗实习不可取代的优点，因此许多院校都开设有电子商务沙盘课程，目的是使学生借助沙盘在短期内掌握电子商务的核心业务，充分了解电子商务企业的敏捷经营之道，掌握电子商务企业提升流量、提高转化率的基本技巧，学会大数据环境下的精准营销。

1.4　ITMC电子商务沙盘

1.4.1　ITMC电子商务沙盘介绍

本书所依托的中教畅享（北京）科技有限公司（简称ITMC）的"电子商务综合实训和竞赛系统"包含网店运营推广、网店开设与装修和网络客户服务三个模块，通过这三个模块来实现对电子商务环境下企业经营全过程的逼真模拟。我们常说的ITMC电子商务沙盘指的是"电子商务综合实训和竞赛系统"的网店运营推广模块，如图1-2所示。

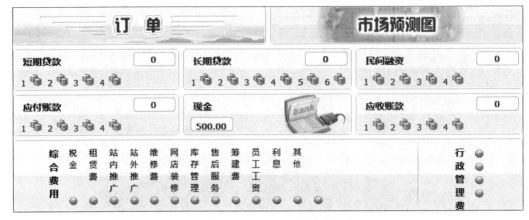

图1-2 ITMC电子商务沙盘初始状态

网店运营推广模块要求学生能够通过分析数据魔方提供的数据，决定自己网店的定位和运营策略；并根据经营决策完成开店、推广、运营和财务的经营全流程；通过设立办公场所，建立配送中心，开设店铺（即网店）；制订采购投标方案，根据采购投标结果完成入库；根据运营数据进行搜索引擎优化操作和关键词竞价推广；针对消费人群开展促销活动，制定商品价格，提升转化率；处理订单，配送商品，结算资金；规划资金需求，控制成本，分析财务指标，调整经营策略等，使企业利润最大化，如图1-3所示。

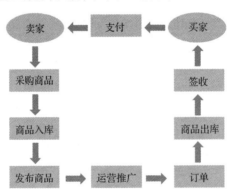

图1-3 电子商务企业运营流程

网店运营推广模块将学员分成若干个团队（通常为十个团队），每个团队各自经营一个虚拟公司；每个团队由4人组成（也可根据学员数量进行调整），每队成员将分别担任公司中的重要职位（店长、推广专员、运营主管、财务主管）；每队拥有资金500（在ITMC电子商务沙盘系统中，500并不是人民币中的500元或500万元，可以把货币的计量单位理解成一种虚拟货币的计量单位）；在同一市场环境下，各队按照数据魔方提供的数据在系统的规则下按照任务清单进行操作。网店运营推广模块的任务清单内容如图1-4所示。

数据魔方				
开店	采购	推广	运营	财务
租赁办公场所 建立配送中心 店铺开设 网店装修	采购投标 商品入库	发布商品 SEO SEM 团购 套餐 促销 站外推广	订单分发 选择物流 货物出库 货物签收	控制现金流 融资 财务分析

图1-4 ITMC电子商务沙盘任务清单

网店运营推广模块需要学生具备搜索引擎优化、关键词竞价推广、市场营销、消费心理学、采购管理、财务管理等方面的知识，通过梳理网店运营推广模块所涉及的相关知识和内容，使学生在掌握不同模块操作的基础上完成整个网店的业务流程，有助于学生专业技能和职业素养的培养。

1.4.2 ITMC电子商务沙盘企业的组织结构

ITMC电子商务沙盘中的模拟企业的团队一般由4人组成，分别担任模拟企业所设店铺的店长、推广专员、运营主管和财务主管。店长是模拟企业的总负责人，负责一切重大经营事项的决策工作；推广专员负责市场调查分析、搜索引擎优化、关键词竞价推广、站外推广等推广工作；运营主管负责订单分发、物流选择、货物出库、库存管理等运营工作；财务主管负责控制现金流、融资等财务工作。

图1-5所示为ITMC电子商务沙盘的分角色登录界面。不同角色进入系统看到的模块不一样，即不同角色有不同的任务清单和权限。店长是模拟公司的总负责人，拥有系统所有模块的操作权限；推广专员主要负责扩大销售，因此只具备推广模块的操作权限（商品发布、搜索引擎优化、关键词竞价推广、促销活动和站外推广设置）；运营主管主要负责订单分发和货物签收等操作；财务主管主要负责财务模块的操作（长短贷、支付工资和各种费用、交税等）。因此，在实际模拟企业运营时，我们一般以店长的身份登录。

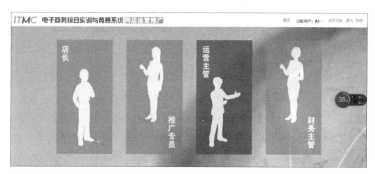

图1-5 ITMC电子商务沙盘分角色登录界面

1.4.3　ITMC电子商务沙盘的学习路径

ITMC电子商务沙盘的学习路径如图1-6所示。

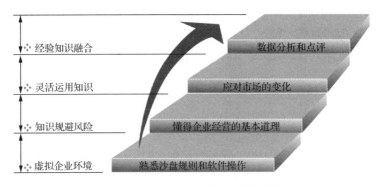

图1-6　ITMC电子商务沙盘的学习路径

1．熟悉沙盘规则和软件操作

熟悉沙盘规则和软件操作是学好电子商务沙盘的基础。沙盘规则是对现实企业的模拟。因为模拟运营时，每一轮都有规定的时间，要想在规定的时间内完成模拟企业的运营，需要熟练操作软件。

2．懂得企业经营的基本道理

在ITMC电子商务沙盘上进行一次运营，实质上就是在虚拟环境中进行一次电子商务创业，要想取得好成绩，就需要懂得企业管理、财务管理、网络营销、经济学等方面的知识，只有这样才可以规避市场风险，取得较好的运营成绩。

3．应对市场的变化

电子商务发展快、变化大，要想在运营中取得一席之地，不仅要积极应对市场变化、拥抱变化，还要能够灵活运用所学的理论知识来解决各种未知的问题。

4．数据分析和点评

没有总结就没有提高，轮末进行数据分析和点评是必须的。只有通过学生自我总结、教师点评，才能总结问题，为下一轮的改进做充足的准备。

1.4.4　ITMC电子商务沙盘得分规则和破产规则

在ITMC电子商务沙盘中，每轮经营结束后都需要进行关账。系统会自动计算出各个模拟企业的"利润表"和"资产负债表"，进而根据得分规则自动计算出当轮各个模拟企业的得分。经营得分的公式如下。

经营得分＝（1+总分÷100）×所有者权益×追加股东投资比例

模拟企业要想取得较高的得分，必须通过提高模拟企业的总分和所有者权益来实现。竞赛时，一般以第5轮关账后的得分为最终成绩，然后按照得分多少进行排名；如果得分相同，则比较各自的所有者权益，所有者权益高的胜出；如果中途破产，则按照破产的先后顺序排名，后破产的排名靠前；如果中途同时破产，则比较两者的所有者权益大小，权益大的排名靠前。

　　一般在比赛过程中，企业是不允许追加股东投资比例的，所以我们在考虑经营得分时主要考虑总分和所有者权益。具体的总分构成项目和所有者权益的计算详见本书第7章。

实训任务单

　　全班分成10个组，团队成员由店长、推广专员、运营主管和财务主管组成，各小组经过讨论分工后填写表1-1模拟企业概况。

表1-1　模拟企业概况

模拟企业名称		小组序号	
企业文化			
团队分工	职务	姓名	职责
成员	店长		
	推广专员		
	运营主管		
	财务主管		

CHAPTER

02

第2章
数据魔方——商品及
关键词数据分析

学习目标

（1）理解系统提供的各商品的市场需求数据的含义；

（2）理解系统提供的各轮期市场供给数据的含义；

（3）能够根据各商品的市场需求数据分析各商品的市场需求状况；

（4）能够根据各商品的市场预测数据进行合理的商品定位；

（5）能够根据系统提供的各轮期市场供给数据确定采购价格和数量；

（6）学会分析数据魔方为网店运营提供的有价值的数据，提高数据营销技能；

（7）具备一定的根据市场数据进行网店运营规划能力。

数据魔方原本是淘宝官方出品的一款数据产品，主要提供行业和店铺数据分析。淘宝的数据魔方包含了品牌、店铺、商品的排行榜，购买人群的特征分析（年龄、性别、购买时段、地域等）。通过淘宝的数据魔方平台，商家可以直接获取行业宏观情况、自己品牌的市场状况、消费者行为情况等。2011年6月，数据魔方又加入了淘词功能，以关键词为切入点，迈出了对原始数据披露的第一步。

电子商务企业需要通过数据魔方对现实场景进行还原、对未来进行预测，通过数据魔方提供的数据对关键词进行优化和营销，通过数据魔方进行分析，制作出能够引起买家购买欲望的首页、商品详情页，通过数据魔方分析如何为客户提供售后保障服务，如图2-1所示。

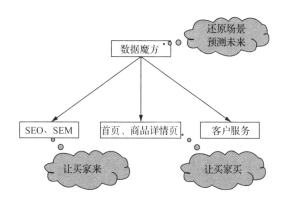

图2-1　数据魔方的作用

ITMC电子商务沙盘中的数据魔方是系统提供的一个重要分析工具，它包括商品的供应信息、市场需求数据和各商品的关键词数据。沙盘运营者通过数据魔方对市场需求数据与商品关键词数据进行分析，确定要采购商品的数量及价格，设置商品关键词。

如果单纯地分析商品的市场需求数据，而不考虑商品的市场供给数据，模拟企业很难了解整个市场的供求情况，因此本章前五节从市场需求数据和市场供给数据这两方面来进行商品数据分析。因为模拟系统提供的商品种类较多，有的商品关键词有几十个，有的商品关键词多达几百个，我们无法——分析，也没必要分析每个商品的关键词，故本章不再单独列出商品的关键词信息，只对市场需求数据和市场供应数据进行列举分析。读者主要需要掌握分析关键词的方法。分析关键词时主要从关键词的几个参考指标进行分析，如展现量、点击量、点击率、转化量、转化率、点击花费、平均点击单价、搜索相关性等。

2.1　第一轮商品数据分析

在制订第一轮的经营战略时，模拟企业应参考经营分析模块（参见第9章）的市场预测图（市场总价值需求预测、市场总数量需求预测和市场平均价格预测），结合数据魔方中的市场需求数据和市场供给数据来制订经营战略。

数据魔方

2.1.1　第一轮第一期商品数据分析

1. 第一轮第一期市场需求数据

ITMC电子商务沙盘中的数据魔方为卖家提供了商品在不同城市不同人群中的市场平均价格和需求数量。例如，第一轮第一期市场共有四种商品：桌子、油烟机、项链和裤子。这四种商品的需求主要集中在北京、沈阳两个城市。第一轮第一期品牌人群需求数量都为0，需求集中在综合人群、低价人群和犹豫不定人群，在运营时只需考虑这三种人群的特点即可。第一轮第一期具体的市场需求数据如表2-1所示。

数据魔方提供的市场需求数据是不确定的。表2-1所示的第一轮第一期的市场需求数据是基于某次10人组的经营数据，该数据仅供参考，具体数据以实际经营时系统提供的需求数据为准。

表2-1 第一轮第一期市场需求数据

商品名称	需求城市	市场平均价格	品牌人群需求数量	综合人群需求数量	低价人群需求数量	犹豫不定人群需求数量
桌子	北京	57.68	0	17	36	21
	沈阳	56.00	0	15	33	19
油烟机	北京	30.72	0	33	54	34
	沈阳	32.64	0	37	50	32
项链	北京	83.20	0	29	43	28
裤子	北京	8.27	0	206	343	214
	沈阳	7.92	0	191	296	171

2. 第一轮第一期市场供给数据

在系统中，只要经营的组数一定，那么每期的市场供给数据基本确定不变；当经营的组数变动时，市场的供给数据会根据经营的组数进行适当的增减。本章提供的市场供给数据是基于某次经营的10人组经营数据。第一轮第一期的市场供给数据如表2-2所示。

表2-2 第一轮第一期市场供给数据

公司	商品	促销方式	数量	单位体积	最低价格
周大福珠宝商	项链	数量大于70、信誉度大于60享受账期0、折扣0.90	120	2	20.00
中意家具城	桌子	数量大于150、信誉度大于120享受账期0、折扣0.80	168	10	14.00
黄金电子城	油烟机	数量大于70、信誉度大于60享受账期0、折扣0.90	300	5	8.00
时尚服装厂	裤子	数量大于50、信誉度大于50享受账期0、折扣0.95	1680	3	2.00

3. 第一轮第一期经营分析

第一轮第一期是小组进行企业模拟运营的第一期，小组需要先召开会议，制订模拟企业的发展战略、经营规划和投资方案等，根据规划选择办公城市、办公场所类型、员工招聘的数量和职务、配送中心所在的城市和类型、是否开设B店以及C店装修的类型等。这些设置一旦确定下来，有的如果要改变将产生一定的费用，因此第一轮第一期的这些决策显得尤为重要。小组成员要根据经营的商品和面向的人群进行适当的设置，否则模拟企业运营将陷入被动的局面。

↘ 2.1.2　第一轮第二期商品数据分析

1. 第一轮第二期市场需求数据

数据魔方提供的市场需求数据是不确定的。表2-3是第一轮第二期基于某次10人组的经营数据给出的市场需求数据，该数据仅供参考，具体数据以实际经营时系统提供的需求数据为准。

表2-3　第一轮第二期市场需求数据

商品名称	需求城市	市场平均价格	品牌人群需求数量	综合人群需求数量	低价人群需求数量	犹豫不定人群需求数量
床	北京	39.60	0	18	26	16
	沈阳	40.00	0	16	29	19
桌子	北京	58.17	0	17	36	21
	沈阳	50.49	0	18	35	18
油烟机	北京	29.44	0	29	66	37
	沈阳	30.03	0	37	57	39
项链	北京	85.54	0	16	35	22
	沈阳	79.20	0	20	33	18
裤子	北京	7.45	0	165	331	193
	沈阳	7.68	0	226	338	188

2. 第一轮第二期市场供给数据

在ITMC电子商务沙盘系统中，只要经营的组数确定，那么每期的市场供给数据是基本不变的。第一轮第二期的市场供给数据如表2-4所示。

表2-4　第一轮第二期市场供给数据

公司	商品	促销方式	数量	单位体积	最低价格
中意家具城	床	数量大于 300、信誉度大于 200 享受账期 0、折扣 0.60	195	10	10.00
周大福珠宝商	项链	数量大于 200、信誉度大于 200 享受账期 0、折扣 0.80	201	2	19.80
中意家具城	桌子	数量大于 200、信誉度大于 200 享受账期 0、折扣 0.80	237	10	13.72
黄金电子城	油烟机	数量大于 150、信誉度大于 120 享受账期 0、折扣 0.85	408	5	7.36
时尚服装厂	裤子	数量大于 100、信誉度大于 100 享受账期 0、折扣 0.90	2109	3	1.92

3. 第一轮第二期经营分析

第一轮第二期是小组进行企业模拟运营的第二期，相关数据较之第一期发生了一些变动，具体如下：①新增一种商品——床；②项链新增沈阳市场，而且北京市场各类人群需求量下降明显；③裤子的平均市场价格下降幅度较大，北京市场的需求数量下降明显，而沈阳市场需求增加。

在制订企业发展战略的时候不仅要结合模拟企业的实际情况，还应考虑到市场数据的变化。主要有以下几个技巧。

（1）根据商品的价格变化和需求变化，分析出商品所处的生命周期，根据商品生命周期的规律进行决策：如处于导入期的商品，市场人群对商品不甚了解，商品的市场供给数量少，生产成本高，推销费用大，售价也高，容易发生亏损；处于成长期的商品，已被广大的市场人群了解和熟悉，商品的生产成本下降，商品售价变化不大，销量增加，利润上升；处于成熟期的商品已为各类人群所接受，销量稳定，由于竞争激烈，市场价格下降，利润只是维持在较稳定的水平上；处于衰退期的商品，销量迅速下降，利润减少，价格下降，商品最终将被淘汰而退出市场。

（2）对于某种商品新增的城市，在制订商品价格的时候要把仓库所在城市和商品需求城市之间的物流成本考虑进去。

（3）根据新增商品的市场需求价格和供应价格之间的差距及市场的需求数量来确定商品是哪种性质的商品，如是必需品还是奢侈品？然后根据商品的性质进行决策分析。如模拟企业刚开始运行时，大家对裤子这种必需品的需求比较大，对项链这种单价比较高的奢侈品需求比较少；随着时间的推移，可以理解为随着经济的发展，生活必需品消费所占的比例越来越小，或者被更高级的生活必需品所淘汰，越来越多的人有实力购买单价更高的奢侈品，奢侈品由于销售成本的降低导致需求越来越大。

2.2　第二轮商品数据分析

第一轮关账后，系统会统计出市场占有率。在本系统中，市场占有率反映了企业在市场中销售商品的能力。在制订第二轮经营战略时，不仅要对数据魔方中的数据进行分析，还应对上一轮的市场占有率进行分析。具体分析方法参见本书第9章。

2.2.1　第二轮第一期商品数据分析

1. 第二轮第一期市场需求数据

数据魔方提供的市场需求数据是不确定的。表2-5所示为第二轮第一期给出的市场需求数据，是基于某次10人组的经营数据，该数据仅供参考，具体数据以实际经营时系统提供的需求数据为准。

表 2-5　第二轮第一期市场需求数据

商品名称	需求城市	市场平均价格	品牌人群需求数量	综合人群需求数量	低价人群需求数量	犹豫不定人群需求数量
床	北京	34.22	0	23	41	23
	沈阳	37.90	0	24	33	20
桌子	北京	53.22	0	25	34	23
	沈阳	57.52	0	22	35	22
油烟机	北京	25.02	0	16	28	15
	沈阳	29.10	0	16	26	17
	石家庄	29.38	0	15	31	18
	太原	29.38	0	21	27	18
平板电视	北京	25.44	0	23	28	16
	沈阳	23.28	0	21	33	21
	石家庄	22.08	0	19	35	17
项链	北京	79.97	0	25	35	20
	沈阳	81.54	0	19	34	21
裤子	北京	7.21	0	83	156	93
	沈阳	7.51	0	92	161	89
	石家庄	6.70	0	75	159	91
	太原	7.65	0	96	147	99

2. 第二轮第一期市场供给数据

在电子商务综合实训与竞赛系统中，只要经营的组数确定，每期的市场供给数据基本不变。第二轮第一期的市场供给数据如表2-6所示。

表 2-6　第二轮第一期市场供给数据

公司	商品	促销方式	数量	单位体积	最低价格
黄金电子城	油烟机	数量大于300、信誉度大于200享受账期0、折扣0.60	387	5	6.80
黄金电子城	平板电视	数量大于70、信誉度大于50享受账期0、折扣0.90	315	6	6.00
时尚服装厂	裤子	数量大于150、信誉度大于150享受账期0、折扣0.85	2014	3	1.84
中意家具城	床	数量大于300、信誉度大于200享受账期0、折扣0.60	244	10	9.20
中意家具城	桌子	数量大于70、信誉度大于60享受账期0、折扣0.60	231	10	13.44
周大福珠宝商	项链	数量大于50、信誉度大于50享受账期0、折扣0.80	235	2	19.60

3. 第二轮第一期经营分析

第二轮第一期市场需求数据较之第一轮二期会发生了一些变化，以表2-5、表2-6为例，具体分析如下。

①新增一种商品——平板电视，需求城市有北京、沈阳和石家庄。②床的市场平均价格下降，市场需求总量增加。③北京市场桌子价格下降明显，沈阳市场的桌子平均价格上升明显，总体市场需求量变化不大。④油烟机新增石家庄、太原两个需求城市，北京市场平均价格下降明显，油烟机市场总需求变化不大。⑤北京市场项链的市场平均价格下降明显，沈阳市场平均价格略有上升，市场需求总量变化不大。⑥裤子新增石家庄、太原两个需求城市，整体市场需求量没有太大的变化。

每次在修改、制订企业发展战略的时候要结合模拟企业的实际情况，还应考虑到市场数据的变化。如根据商品的价格变化和需求变化，分析出商品所处的经济周期，根据经济学中经济周期的规律进行决策；对于某种商品新增的城市，在制订商品价格的时候要把仓库所在城市和商品需求城市之间的物流成本考虑进去；根据新增商品的市场需求价格和供应价格之间的差距、市场的需求数量来确定商品是哪种性质的商品，如是必需品还是奢侈品？然后根据商品的性质进行决策分析等。

2.2.2 第二轮第二期商品数据分析

1. 第二轮第二期市场需求数据

表2-7所示的第二轮第二期的市场需求数据是基于某次10人组的经营数据，该数据仅供参考，具体数据以实际经营时系统提供的需求数据为准。

表2-7 第二轮第二期市场需求数据

商品名称	需求城市	市场平均价格	品牌人群需求数量	综合人群需求数量	低价人群需求数量	犹豫不定人群需求数量
床	北京	36.04	0	17	28	19
	沈阳	35.36	0	17	29	15
	石家庄	35.36	0	12	27	17
桌子	北京	54.75	0	17	26	18
	沈阳	55.80	0	22	27	17
油烟机	北京	25.46	0	18	36	17
	沈阳	26.96	0	19	35	21
	石家庄	26.96	0	23	30	19
平板电视	北京	23.11	0	12	27	16
	沈阳	22.03	0	20	28	15
	石家庄	22.90	0	14	27	15
	太原	23.11	0	17	24	17

续表

商品名称	需求城市	市场平均价格	品牌人群需求数量	综合人群需求数量	低价人群需求数量	犹豫不定人群需求数量
项链	北京	74.50	0	22	40	22
	沈阳	76.05	0	22	35	19
裤子	北京	6.48	0	69	141	90
	沈阳	6.83	0	85	131	68
	石家庄	7.04	0	92	125	88
	太原	7.32	0	94	116	74
西装	太原	16.48	0	48	63	43
	北京	15.68	0	44	72	48
	石家庄	16.00	0	52	68	42
	沈阳	16.32	0	38	73	41

2. 第二轮第二期市场供给数据

在电子商务综合实训与竞赛系统中，经营的组数一定，每期的市场供给数据是基本不变的。第二轮第二期的市场供给数据（基于10个组的数据）如表2-8所示。

表2-8　第二轮第二期市场供给数据

公司	商品	促销方式	数量	单位体积	最低价格
中意家具城	床	数量大于70、信誉度大于60享受账期0、折扣0.90	273	10	8.50
时尚服装厂	裤子	数量大于50、信誉度大于50享受账期0、折扣0.95	1816	3	1.76
黄金电子城	平板电视	数量大于100、信誉度大于100享受账期0、折扣0.90	360	6	5.40
时尚服装厂	西装	数量大于100、信誉度大于100享受账期0、折扣0.90	1005	3	4.00
周大福珠宝商	项链	数量大于70、信誉度大于60享受账期0、折扣0.60	253	2	19.40
黄金电子城	油烟机	数量大于150、信誉度大于120享受账期0、折扣0.85	312	5	6.24
中意家具城	桌子	数量大于160、信誉度大于150享受账期0、折扣0.85	189	10	13.16

3. 第二轮第二期经营分析

第二轮第二期市场需求数据较之第二轮第一期发生了一些变化，具体如下。

① 本期新增商品——西装，需求城市有北京、沈阳、石家庄、太原。②床新增需求城市

石家庄，北京的市场平均价格较第二轮第一期略有上升，沈阳的市场平均价格较第二轮第一期小幅下降，市场的需求总量小幅上升。③桌子的北京市场平均价格略有上升、沈阳的市场平均价格略有下降，价格整体波动不大，市场总需求下降明显，高达25%。④油烟机从太原市场消失，沈阳、石家庄的市场平均价格下降，市场总需求下降14%左右。⑤平板电视新增太原市场，每个市场的价格都有小幅下降，市场总需求上升8%左右。⑥项链的市场平均价格略有下降，市场总需求小幅上升。⑦裤子的市场平均价格除石家庄外下降明显，市场总需求下降14%左右。

经营者需要结合模拟企业的实际情况和市场数据的变化，按照之前给出的技巧修改、制订企业的发展战略。

2.3 第三轮商品数据分析

2.3.1 第三轮第一期商品数据分析

第二轮关账后，系统会再次统计出市场占有率。在制订第三轮经营战略时，不仅要对数据魔方中的数据进行分析，还应对上一轮的市场占有率进行分析。

1. 第三轮第一期市场需求数据

表2-9所示的第三轮第一期市场需求数据是基于某次10人组的经营数据，该数据仅供参考，具体数据以实际经营时系统提供的需求数据为准。

表2-9 第三轮第一期市场需求数据

商品名称	需求城市	市场平均价格	品牌人群需求数量	综合人群需求数量	低价人群需求数量	犹豫不定人群需求数量
床	石家庄	28.70	0	15	31	18
	北京	32.76	0	19	26	19
	沈阳	31.20	0	16	33	18
桌子	石家庄	47.40	0	9	11	6
	北京	48.43	0	8	11	7
	沈阳	49.46	0	7	9	6
油烟机	沈阳	22.35	0	12	19	12
	北京	21.20	0	10	18	10
	石家庄	22.12	0	11	19	10
平板电视	沈阳	18.86	0	15	27	16
	石家庄	18.86	0	20	28	17
	北京	19.05	0	18	30	18
	太原	20.02	0	15	32	19

续表

商品名称	需求城市	市场平均价格	品牌人群需求数量	综合人群需求数量	低价人群需求数量	犹豫不定人群需求数量
项链	沈阳	71.42	0	16	27	18
	北京	79.87	0	13	25	13
	石家庄	82.18	0	13	24	14
裤子	北京	7.21	0	38	84	50
	沈阳	7.28	0	52	82	45
	石家庄	6.6	0	55	82	46
	广州	7.34	0	45	72	43
	太原	7.07	0	47	67	42
	哈尔滨	7.00	0	44	82	42
西装	北京	16.13	0	37	53	30
	哈尔滨	14.28	0	37	46	29
	沈阳	14.59	0	37	51	28
	广州	16.74	0	34	55	33
	石家庄	15.67	0	28	55	34
	太原	14.28	0	29	59	34
手链	北京	77.04	0	5	11	7
	沈阳	77.76	0	6	10	7
	石家庄	70.56	0	7	7	6

2. 第三轮第一期市场供给数据

在 ITMC 电子商务沙盘中，只要经营的组数确定，那么每期的市场供给数据是基本不变的。第三轮第一期的市场供给数据（基于 10 个组的数据）如表 2-10 所示。

表 2-10 第三轮第一期市场供给数据

公司	商品	促销方式	数量	单位体积	最低价格
黄金电子城	油烟机	数量大于 300、信誉度大于 200 享受账期 0、折扣 0.60	183	5	5.76
黄金电子城	平板电视	数量大于 100、信誉度大于 100 享受账期 0、折扣 0.90	375	6	4.86
时尚服装厂	裤子	数量大于 160、信誉度大于 150 享受账期 0、折扣 0.85	1516	3	1.70

续表

公司	商品	促销方式	数量	单位体积	最低价格
时尚服装厂	西装	数量大于100、信誉度大于100 享受账期0、折扣0.90	1042	3	3.84
中意家具城	床	数量大于70、信誉度大于60 享受账期0、折扣0.90	280	10	7.80
中意家具城	桌子	数量大于300、信誉度大于200 享受账期0、折扣0.60	111	10	12.88
周大福珠宝商	项链	数量大于150、信誉度大于120 享受账期0、折扣0.85	253	2	19.20
周大福珠宝商	手链	数量大于70、信誉度大于60 享受账期0、折扣0.90	105	2	18.00

3. 第三轮第一期经营分析

第三轮第一期市场需求数据较之第二轮第二期发生了一些变化，具体如下。

①床的市场需求价格整体下降明显，需求有较小幅度的减少。②桌子新增需求城市石家庄，整体市场平均价格较第二轮第二期价格下降明显。市场的需求总量下降也很明显。③油烟机的市场平均价格和需求数量都明显下降。④平板电视的市场平均价格和需求数量均小幅下降。⑤项链新增需求城市石家庄，市场平均价格略有变动，市场总需求变化不大。⑥裤子新增需求城市广州、哈尔滨，市场平均价格有的上升有的下降，市场总需求变化不大。⑦西装新增需求城市广州、哈尔滨，价格有升有降，市场总需求下降。⑧手链是本期新增的商品，需求市场有北京、沈阳和石家庄三个城市，手链价格高、需求量少。

另外，之前的城市集中在华北地区，本期新增的两个城市广州和哈尔滨一南一北，在发布商品的时候应考虑到这两个城市的物流成本。

2.3.2 第三轮第二期商品数据分析

1. 第三轮第二期市场需求数据

表2-11所示的第三轮第二期市场需求数据是基于某次10人组的经营数据，该数据仅供参考，具体数据以实际经营时系统提供的需求数据为准。

表2-11 第三轮第二期市场需求数据

商品名称	需求城市	市场平均价格	品牌人群需求数量	综合人群需求数量	低价人群需求数量	犹豫不定人群需求数量
床	北京	30.24	9	19	18	10
	沈阳	30.82	11	15	21	10
	石家庄	26.21	10	20	21	10

续表

商品名称	需求城市	市场平均价格	品牌人群需求数量	综合人群需求数量	低价人群需求数量	犹豫不定人群需求数量
柜子	北京	61.80	5	7	11	5
	沈阳	63.60	4	6	9	4
	石家庄	63.00	4	7	8	4
平板电视	北京	18.57	10	16	21	11
	太原	7.17	10	19	20	10
	沈阳	15.94	12	19	22	10
	石家庄	17.87	11	16	22	11
项链	沈阳	82.08	11	15	19	10
	石家庄	71.44	9	18	19	9
	北京	75.24	9	16	17	9
手链	石家庄	64.98	6	8	12	6
	沈阳	69.08	6	9	13	7
	北京	67.03	6	9	12	6
裤子	太原	6.04	24	33	50	25
	哈尔滨	5.97	23	33	49	25
	沈阳	6.76	21	33	39	22
	北京	6.30	21	28	41	23
	广州	6.04	24	38	43	21
	石家庄	6.56	23	39	47	25
西装	石家庄	15.90	22	28	39	20
	太原	14.43	23	24	46	22
	哈尔滨	13.59	19	28	40	21
	广州	13.40	22	37	43	21
	北京	13.40	20	34	38	19
	沈阳	13.40	21	31	44	23

2. 第三轮第二期市场供给数据

在ITMC电子商务沙盘系统中，只要经营的组数确定，那么每期的市场供给数据是基本不变的。第三轮第二期的市场供给数据（基于10个组的数据）如表2-12所示。

表2-12　第三轮第二期市场供给数据

公司	商品	促销方式	数量	单位体积	最低价格
黄金电子城	油烟机	数量大于160、信誉度大于150 享受账期0、折扣0.85	0	5	5.28
黄金电子城	平板电视	数量大于150、信誉度大于120 享受账期0、折扣0.85	360	6	4.38
时尚服装厂	裤子	数量大于150、信誉度大于120 享受账期0、折扣0.85	1114	3	1.64
时尚服装厂	西装	数量大于200、信誉度大于200 享受账期0、折扣0.80	1032	3	3.68
中意家具城	床	数量大于150、信誉度大于120 享受账期0、折扣0.85	267	10	7.20
中意家具城	柜子	数量大于150 信誉度大于120 享受账期0、折扣0.85	120	10	15.00
中意家具城	桌子	数量大于70、信誉度大于60 享受账期0、折扣0.90	0	10	12.60
周大福珠宝商	项链	数量大于70、信誉度大于60 享受账期0、折扣0.90	237	2	19.00
周大福珠宝商	手链	数量大于50、信誉度大于50 享受账期0、折扣0.95	159	2	17.10

3. 第三轮第二期经营分析

第三轮第二期市场需求数据较之第三轮第一期发生了一些变化，新增了品牌人群的需求；有个别商品的市场需求和供给数据皆为0，这表明该商品退出了市场。具体分析如下。

①市场需求价格整体下降，市场需求数量也下降。②桌子的市场需求数据和供给数据皆为0，桌子退出市场。③油烟机的市场需求数据和供给数据皆为0，油烟机退出市场。④平板电视的市场需求价格和需求数量均下降。⑤项链的市场平均价格波动，不同城市变化不同，市场总需求数量变化不大。⑥裤子的市场平均价格下降明显，市场总需求数量明显减少。⑦西装价格总体下降，市场总需求数量无明显变化。⑧手链的市场平均价格下降明显，需求数量变化不明显。⑨市场新增商品——柜子，需求城市有北京、沈阳、石家庄，市场整体需求量较小。

经营者要结合模拟企业的实际情况，并考虑以上市场数据的变化，修改、制订企业发展战略。

2.4　第四轮商品数据分析

↘ 2.4.1　第四轮第一期商品数据分析

1. 第四轮第一期市场需求数据

表2-13所示的第四轮第一期的市场需求数据是基于某次10人组的经营数据，具体数据以实际经营时系统提供的需求数据为准。

表 2-13　第四轮第一期市场需求数据

商品名称	需求城市	市场平均价格	品牌人群需求数量	综合人群需求数量	低价人群需求数量	犹豫不定人群需求数量
床	沈阳	25.87	7	13	13	6
	石家庄	26.66	7	11	13	8
	太原	24.02	7	10	14	7
	北京	24.82	7	11	15	7
柜子	北京	59.62	5	8	10	5
	石家庄	54.65	5	8	9	5
	沈阳	56.86	5	9	10	5
	太原	56.30	6	8	11	5
平板电视	北京	14.52	10	11	19	9
	沈阳	14.57	8	16	17	10
	石家庄	14.89	8	16	20	8
	太原	16.16	9	18	18	9
项链	沈阳	69.18	6	11	13	6
	太原	69.18	6	7	12	6
	北京	72.94	6	12	12	6
	石家庄	71.44	6	9	13	6
手链	太原	65.45	7	11	11	6
	北京	74.80	6	9	13	6
	沈阳	70.91	6	7	12	6
	石家庄	68.04	6	8	11	6
裤子	北京	5.99	12	20	24	11
	石家庄	6.61	13	19	26	13
	广州	5.61	11	17	24	10

续表

商品名称	需求城市	市场平均价格	品牌人群需求数量	综合人群需求数量	低价人群需求数量	犹豫不定人群需求数量
裤子	哈尔滨	5.74	12	22	22	11
	太原	5.61	13	22	24	13
	沈阳	6.43	12	21	26	12
西装	石家庄	14.50	13	25	27	14
	海口	14.36	13	19	29	14
	沈阳	13.80	13	27	28	14
	北京	13.80	15	27	28	16
	太原	14.64	16	23	32	15
	广州	14.61	14	22	33	16
	哈尔滨	14.92	13	25	26	13
	长沙	13.09	14	24	24	14
热水器	北京	20.40	10	13	21	10
	沈阳	20.80	12	18	22	10
	石家庄	20.60	10	14	20	11
	太原	19.40	11	17	22	11

2. 第四轮第一期市场供给数据

第四轮第一期的市场供给数据（基于10个组的数据）如表2-14所示。

表2-14　第四轮第一期市场供给数据

公司	商品	促销方式	数量	单位体积	最低价格
黄金电子城	平板电视	数量大于200、信誉度大于200享受账期0、折扣0.80	315	6	3.96
黄金电子城	热水器	数量大于100、信誉度大于100享受账期0、折扣0.90	345	6	5.00
时尚服装厂	裤子	数量大于100、信誉度大于100享受账期0、折扣0.90	609	3	1.56
时尚服装厂	西装	数量大于200、信誉度大于200享受账期0、折扣0.80	976	3	3.52
中意家具城	床	数量大于70、信誉度大于60享受账期0、折扣0.90	231	10	6.60
中意家具城	柜子	数量大于300、信誉度大于200享受账期0、折扣0.60	162	10	13.80

续表

公司	商品	促销方式	数量	单位体积	最低价格
周大福珠宝商	项链	数量大于150、信誉度大于120享受账期0、折扣0.85	204	2	18.80
周大福珠宝商	手链	数量大于150、信誉度大于120享受账期0、折扣0.85	199	2	16.20

3. 第四轮第一期经营分析

第四轮第一期市场需求数据较之第三轮第二期发生了一些变化，具体如下。

①床新增太原市场，市场需求价格整体下降，需求数量有较小幅度的减少。②柜子新增了需求城市太原，整体市场需求价格较第三轮第二期价格下降明显，市场的需求数量增加明显。③平板电视市场需求价格下降较为明显，需求数量整体下降。④项链新增需求城市太原，市场需求价格下降，市场需求总量下降。⑤手链新增需求城市太原，市场需求价格整体上升，市场需求数量增加。⑥裤子市场需求价格总体下降，市场总需求数量减少幅度较大。⑦西装市场需求价格略有下降，市场需求数量下降不明显。⑧本期新增商品热水器，需求市场有北京、沈阳、石家庄和太原四个城市。

经营者应根据以上市场数据变化，结合企业的情况，修正、制订企业的经营策略。

2.4.2　第四轮第二期商品数据分析

1. 第四轮第二期市场需求数据

表2-15所示的第四轮第二期的市场需求数据是基于某次10人组的经营数据，具体数据以实际经营时系统提供的需求数据为准。

表2-15　第四轮第二期市场需求数据

商品名称	需求城市	市场平均价格	品牌人群需求数量	综合人群需求数量	低价人群需求数量	犹豫不定人群需求数量
床	北京	21.96	5	7	10	5
	沈阳	23.18	6	6	11	5
	石家庄	24.16	5	8	10	4
	太原	22.94	5	8	9	4
柜子	北京	49.98	10	11	6	
	沈阳	45.90	6	8	11	6
	石家庄	47.43	6	8	12	5
	太原	53.55	12	12	6	

续表

商品名称	需求城市	市场平均价格	品牌人群需求数量	综合人群需求数量	低价人群需求数量	犹豫不定人群需求数量
平板电视	北京	13.45	7	9	13	7
	沈阳	14.58	7	12	14	7
	石家庄	14.30	7	11	14	6
	太原	13.03	8	12	15	7
热水器	北京	16.92	12	21	22	14
	沈阳	16.38	11	20	24	14
	石家庄	17.28	9	19	20	11
	太原	16.92	12	18	24	11
项链	北京	74.40	5	6	9	5
	沈阳	71.42	4	6	9	5
	石家庄	69.19	4	7	10	5
	太原	75.89	4	7	8	4
手链	北京	63.78	6	13	13	6
	沈阳	56.35	7	10	12	6
	石家庄	61.92	7	12	14	8
	太原	61.92	6	10	15	7
西装	北京	13.19	13	22	26	12
	沈阳	13.60	13	21	28	12
	石家庄	13.06	14	22	29	13
	太原	13.46	14	22	28	14
	哈尔滨	12.78	12	20	21	12
	广州	13.33	13	21	22	12
	海口	13.87	13	21	23	13
	长沙	13.33	14	19	30	13
连衣裙	北京	11.40	19	28	34	17
	沈阳	12.36	16	22	35	18

续表

商品名称	需求城市	市场平均价格	品牌人群需求数量	综合人群需求数量	低价人群需求数量	犹豫不定人群需求数量
连衣裙	石家庄	11.64	17	29	35	19
	太原	11.64	14	21	32	17
	哈尔滨	10.92	15	21	34	16
	广州	12.84	17	25	33	19
	海口	11.64	18	24	38	19
	长沙	11.52	17	27	32	14

2. 第四轮第二期市场供给数据

第四轮第二期的市场供给数据（基于10个组的数据）如表2-16所示。

表 2-16　第四轮第二期市场供给数据

公司	商品	促销方式	数量	单位体积	最低价格
黄金电子城	平板电视	数量大于100、信誉度大于100 享受账期0、折扣0.90	240	6	3.54
黄金电子城	热水器	数量大于160、信誉度大于150 享受账期0、折扣0.85	400	6	4.50
时尚服装厂	裤子	数量大于200、信誉度大于200 享受账期0、折扣0.80	0	3	1.50
时尚服装厂	西装	数量大于300、信誉度大于200 享受账期0、折扣0.60	874	3	3.40
时尚服装厂	连衣裙	数量大于200、信誉度大于200 享受账期0、折扣0.80	1125	3	3.00
中意家具城	床	数量大于50、信誉度大于50 享受账期0、折扣0.95	175	10	6.10
中意家具城	柜子	数量大于100、信誉度大于100 享受账期0、折扣0.90	198	10	12.75
周大福珠宝商	项链	数量大于100、信誉度大于100 享受账期0、折扣0.90	153	2	18.60
周大福珠宝商	手链	数量大于200、信誉度大于200 享受账期0、折扣0.80	228	2	15.48

3. 第四轮第二期经营分析

第四轮第二期市场需求数据较之第四轮第一期发生了一些变化，有个别商品的市场需求和供给数据皆为0，这表明该商品退出了市场。具体分析如下。

①床的市场平均价格整体下降，市场需求数量也下降。②柜子的市场平均价格整体下降，需求数量小幅增加。③平板电视的市场平均价格下降，需求数量下降。④热水器的市场平均价格下降较为明显，需求数量小幅上升。⑤项链的市场平均价格整体下降，市场需求数量减少。⑥手链的市场需求价格下降明显，需求数量变化不明显。⑦裤子退出市场。⑧西装的市场需求价格略有下降，市场需求数量整体平稳。⑨市场新增商品连衣裙，需求城市有北京、沈阳、石家庄、太原、哈尔滨、广州、海口、长沙，市场整体需求量较大。

根据以上变化实时调整企业的经营策略。

2.5 第五轮商品数据分析

2.5.1 第五轮第一期商品数据分析

1. 第五轮第一期市场需求数据

表2-17所示为第五轮第一期的市场需求数据，是基于某次10人组的经营数据。由于数据魔方提供的市场需求数据是不确定的，该数据仅供参考，具体数据以实际经营时系统提供的需求数据为准。

表2-17 第五轮第一期市场需求数据

商品名称	需求城市	市场平均价格	品牌人群需求数量	综合人群需求数量	低价人群需求数量	犹豫不定人群需求数量
床	北京	24.19	2	3	5	2
	沈阳	20.61	2	4	4	2
	石家庄	20.38	2	3	4	2
	太原	23.52	2	4	5	2
	哈尔滨	23.07	2	4	5	3
柜子	北京	47.74	5	9	10	6
	沈阳	40.54	5	11	10	5
	石家庄	42.50	6	7	12	6
	太原	43.52	5	10	11	5
	哈尔滨	43.52	5	8	11	4
平板电视	北京	12.85	3	5	6	3
	沈阳	12.72	3	4	7	3
	石家庄	12.85	3	5	6	3
	太原	13.23	3	5	5	3
	哈尔滨	11.58	3	4	6	3

续表

商品名称	需求城市	市场平均价格	品牌人群需求数量	综合人群需求数量	低价人群需求数量	犹豫不定人群需求数量
热水器	北京	16.04	10	18	21	11
	沈阳	17.01	11	19	22	11
	石家庄	14.74	11	16	24	13
	太原	17.17	9	18	18	10
	哈尔滨	16.69	11	16	22	9
项链	北京	71.39	2	3	4	2
	沈阳	66.98	2	3	4	2
	石家庄	75.07	2	3	5	2
	太原	76.54	2	4	4	2
	哈尔滨	66.98	2	3	4	2
手链	北京	54.82	6	8	10	6
	沈阳	57.74	6	8	13	6
	石家庄	62.99	6	9	12	6
	太原	60.65	6	9	11	5
	哈尔滨	60.65	6	8	11	5
西装	北京	12.73	10	15	21	10
	沈阳	12.99	10	15	22	11
	石家庄	14.04	11	15	23	10
	太原	12.20	11	17	18	11
	哈尔滨	11.94	11	19	19	10
	广州	12.86	9	15	22	12
	海口	11.81	12	16	24	11
	长沙	12.99	11	17	22	10
连衣裙	北京	11.40	14	23	29	14
	沈阳	11.64	16	22	30	15
	石家庄	10.83	14	24	30	15
	太原	11.40	13	20	28	13
	哈尔滨	11.17	13	28	27	14
	广州	11.87	12	20	27	13
	海口	11.29	14	27	29	14

续表

商品名称	需求城市	市场平均价格	品牌人群需求数量	综合人群需求数量	低价人群需求数量	犹豫不定人群需求数量
连衣裙	长沙	11.98	14	25	31	13
	上海	10.60	14	19	29	14
	杭州	11.06	14	48	30	16
戒指/指环	北京	55.12	3	5	6	3
	沈阳	47.84	3	5	7	4
	石家庄	47.32	3	4	6	3
	太原	52.00	3	5	5	3
	哈尔滨	52.52	4	5	7	3

2. 第五轮第一期市场供给数据

第五轮第一期的市场供给数据（基于10个组的数据）如表2-18所示。

表2-18　第五轮第一期市场供给数据

公司	商品	促销方式	数量	单位体积	最低价格
黄金电子城	平板电视	数量大于100、信誉度大于100享受账期0、折扣0.90	135	6	3.18
黄金电子城	热水器	数量大于200、信誉度大于200享受账期0、折扣0.80	445	6	4.05
时尚服装厂	西装	数量大于300、信誉度大于200享受账期0、折扣0.60	724	3	3.28
时尚服装厂	连衣裙	数量大于100、信誉度大于100享受账期0、折扣0.90	1177	3	2.88
中意家具城	床	数量大于70、信誉度大于60享受账期0、折扣0.90	99	10	5.60
中意家具城	柜子	数量大于200、信誉度大于200享受账期0、折扣0.80	229	10	11.70
周大福珠宝商	项链	数量大于100、信誉度大于100享受账期0、折扣0.90	85	2	18.40
周大福珠宝商	手链	数量大于200、信誉度大于200享受账期0、折扣0.80	244	2	14.58
周大福珠宝商	戒指/指环	数量大于100、信誉度大于100享受账期0、折扣0.90	135	2	13.00

3. 第五轮第一期经营分析

第五轮第一期市场需求数据较之第四轮第二期发生一些变化，具体分析如下。

①床新增需求市场哈尔滨，市场平均价格有升有降，总体变化不大，市场总需求数量下降明显。②柜子新增需求市场哈尔滨，市场平均价格整体下降，总需求数量增加。③平板电视新增需求市场哈尔滨，市场平均价格小幅下降，需求总量明显下降。④热水器新增需求市场哈尔滨，市场平均价格有升有降，整体变化不大，需求数量变化不大。⑤项链新增需求市场哈尔滨，市场平均价格有升有降，市场总需求数量明显减少。⑥手链新增需求市场哈尔滨，北京市场平均价格明显下降，需求数量小幅下降。⑦西装市场平均价格略有下降，市场总需求数量明显下降。⑧连衣裙新增需求城市上海和杭州，市场平均价格整体变动不大，总需求数量增加。⑨市场新增商品戒指/指环，需求城市有北京、沈阳、石家庄、太原、哈尔滨，市场整体需求量不大。

2.5.2　第五轮第二期商品数据分析

在实际比赛的时候第五轮第二期并不进行实际运营，且分析方法与前文差距不大，所以本书不再对第五轮第二期的数据进行分析。

2.6　各商品生命周期

商品生命周期就是指商品在市场中有效的营销时间，又称之为商品经济生命，即商品进入市场到被市场淘汰的整个过程，商品有成长、成熟和衰退的过程。

商品生命周期一方面取决于整个社会科学技术的发展速度；另一方面取决于商业、科研、设计单位研究、设计商品的周期和推广速度。替代商品和新的商品出现，对老商品的生命周期起着决定性的作用，而老商品的生命周期又将反作用于新商品的应用和推广。因此，研究、运用商品生命周期的规律对经营者构建经营策略有着重大的意义。

在ITMC电子商务沙盘中，各模拟企业需要经营五轮十期，随着时间的推移，系统共会出现13种商品，商品进入市场后，它的销量和利润都会随着时间的推移而改变，呈现出一个由少到多再到少的过程；随着时间推移，有的商品进入衰退期，逐渐退出市场，有的商品进入成长期进入市场，表2-19所示是对ITMC电子商务沙盘中所涉及的13种商品的生命周期进行的汇总，模拟企业可以据此制订经营计划。

表 2-19　ITMC 电子商务沙盘各商品生命周期

商品生命周期	一轮一期	一轮二期	二轮一期	二轮二期	三轮一期	三轮二期	四轮一期	四轮二期	五轮一期	五轮二期
油烟机										
桌子										
裤子										

续表

商品生命周期	一轮一期	一轮二期	二轮一期	二轮二期	三轮一期	三轮二期	四轮一期	四轮二期	五轮一期	五轮二期
项链										
床										
平板电视										
西装										
手链										
柜子										
热水器										
连衣裙										
戒指										
空调										

经典案例

1. 导入期

伊士曼柯达公司是世界上最大的影像产品及相关服务的生产和供应商之一，柯达公司由发明家乔治·伊士曼始创于1880年，总部位于美国纽约州罗切斯特市。1880年，当时还是银行职员的乔治·伊士曼发明了胶卷，柯达照相机也在1888年推出，奠定了摄影大众化的基础。几经变化之后，伊士曼的公司在1892年更名为伊士曼柯达公司（以下简称柯达公司）。

2. 成长期

截至1900年，柯达的销售网络已经遍布法国、德国、意大利和其他欧洲国家。此后，柯达的生产厂遍及加拿大、墨西哥、巴西、英国、法国、德国、印度、中国和美国。

3. 成熟期

柯达公司在美国、加拿大、墨西哥、巴西、英国、法国、德国、澳大利亚和中国设有生产基地，向全世界几乎每一个国家销售种类众多的影像产品。作为柯达推出的首款彩色胶卷，柯达克罗姆不仅横扫全球市场，更是记录了一个又一个标志性的历史事件。

4. 衰退期

柯达公司传统影像部门的销售利润从2000年的143亿美元，锐减至2003年的41.8亿美元，跌幅达到71%。2012年1月，130多年历史的柯达公司宣布破产保护。这家创立于1880年的世界大型影像产品及相关服务生产和供应商，在数码时代的大潮中由于跟不上步伐，而不得不面对残酷的结局，曾经世界最畅销的彩色胶卷留在了人们的记忆中。

2.7　商品关键词数据分析

　　ITMC电子商务沙盘企业经营的关键之一就在于搜索引擎优化（Search Engine Optimization，SEO）和搜索引擎推广（Search Engine Marketing，SEM）。系统中的每个商品都有许多关键词，有的商品关键词多达上百个，在系统规定的时间内是无法一一分析关键词的，模拟企业既可以在数据魔方中对关键词进行分析，也可以在经营分析模块下的进店关键词分析工具中进行关键词分析。分析关键词可从展现量、点击量、点击率、转化量、转化率、点击花费、平均点击单价和搜索相关性等方面进行分析，下面我们就来详细介绍一下这些指标。

1.　关键词展现量

　　买家在搜索查询时，如果卖家店铺内符合买家搜索需求的关键词被触发，该关键词对应的商品将出现在搜索结果页面，称之为关键词的一次展现。在一定时间内，该关键词所对应的商品在展位展现的次数称之为展现量（简称PV）。

2.　关键词点击量

　　关键词点击量（简称UV）是指点击该关键词对应的商品的不同IP地址的人数。

　　在店铺的推广结果展现时，如果买家对推广的店铺商品感兴趣，希望进一步地了解该商品，就会点击查看商品的详细介绍。在一定时间内，店铺内某关键词对应的商品获得的点击次数即称之为点击量。

3.　关键词点击率

　　关键词点击率简称为CTR。点击量除以展现量得到的数值即为点击率，即CTR=UV÷PV。

4.　关键词转化量

　　关键词转化量是指在一定时间内，该关键词对应的商品最终达成的实际成交数量。

5.　关键词转化率

　　关键词转化率是指由关键词对应的商品的点击量与该关键词对应的商品最终达成的实际成交数量的比，即转化率=成交量÷点击量。关键词转化率代表着关键词的效能，即关键词的投入产出比。

6.　关键词点击花费

　　关键词点击花费是指在一定时间内，企业为某个关键词的点击支付的费用。

7.　关键词平均点击单价

　　关键词平均点击单价是指在一定时间内，某个关键词被点击需要支付的总费用除以被点击的次数。

8.　关键词搜索相关性

　　关键词搜索相关性是指关键词的搜索效果与该关键词的相关指标具有某种联系，如与该关键词历史的搜索次数、展现量、点击量、点击率、转化量、转化率等相关，关键词搜索相关性的具体数据由数据魔方给出。

实训任务单

1．完成2.1.1节第一轮第一期经营分析，填写表2-20。

表2-20　第一轮第一期网店运营规划

商品名称	计划采购数量	计划采购价格	采购成本	预计销售数量	预计销售价格	预计销售收入	预计毛利

2．完成2.1.2节第一轮第二期经营分析，填写表2-21。

表2-21　第一轮第二期网店运营规划

商品名称	计划采购数量	计划采购价格	采购成本	预计销售数量	预计销售价格	预计销售收入	预计毛利

3．完成2.2.1节第二轮第一期经营分析，填写表2-22。

表2-22　第二轮第一期网店运营规划

商品名称	计划采购数量	计划采购价格	采购成本	预计销售数量	预计销售价格	预计销售收入	预计毛利

4．完成2.2.2节第二轮第二期经营分析，填写表2-23。

表 2-23 第二轮第二期网店运营规划

商品名称	计划采购数量	计划采购价格	采购成本	预计销售数量	预计销售价格	预计销售收入	预计毛利

5. 完成2.3.1节第三轮第一期经营分析，填写表2-24。

表 2-24 第三轮第一期网店运营规划

商品名称	计划采购数量	计划采购价格	采购成本	预计销售数量	预计销售价格	预计销售收入	预计毛利

6. 完成2.3.2节第三轮第二期经营分析，填写表2-25。

表 2-25 第三轮第二期网店运营规划

商品名称	计划采购数量	计划采购价格	采购成本	预计销售数量	预计销售价格	预计销售收入	预计毛利

7．完成2.4.1节第四轮第一期经营分析，填写表2-26。

表2-26　第四轮第一期网店运营规划

商品名称	计划采购数量	计划采购价格	采购成本	预计销售数量	预计销售价格	预计销售收入	预计毛利

8．完成2.4.2节第四轮第二期经营分析，填写表2-27。

表2-27　第四轮第二期网店运营规划

商品名称	计划采购数量	计划采购价格	采购成本	预计销售数量	预计销售价格	预计销售收入	预计毛利

9．完成2.5.1节第五轮第一期经营分析，填写表2-28。

表2-28　第五轮第一期网店运营规划

商品名称	计划采购数量	计划采购价格	采购成本	预计销售数量	预计销售价格	预计销售收入	预计毛利

续表

商品名称	计划采购数量	计划采购价格	采购成本	预计销售数量	预计销售价格	预计销售收入	预计毛利

CHAPTER

03

第3章
经营流程——开店篇

学习目标

（1）了解办公场所设立的主要内容；

（2）掌握配送区域、默认物流公司的选择依据；

（3）了解C店和B店的含义；

（4）了解店铺装修的类型；

（5）能够进行办公场所设立；

（6）能够合理选择和设置配送中心；

（7）能够进行C店开设和合理开设B店；

（8）能够选择合适的店铺装修类型；

（9）合理利用有限的资源进行网店运营的规划；

（10）树立脚踏实地、从实际出发的价值观。

素质课堂

《中华人民共和国电子商务法》（以下简称《电子商务法》）第五条规定："电子商务经营者从事经营活动，应当遵循自愿、平等、公平、诚信的原则，遵守法律和商业道德，公平参与市场竞争，履行消费者权益保护、环境保护、知识产权保护、网络安全与个人信息保护等方面的义务，承担产品和服务质量责任，接受政府和社会的监督。"

3.1 办公场所设立

办公场所是指工作办公的场所。设立办公场所是企业运营的第一步。ITMC电子商务沙盘系统规定开店需要先设立办公场所。设立办公场所包含选择建设城市、选择办公场所类型和招贤纳士三个步骤。

办公场所设立

↘ 3.1.1　选择建设城市

在 ITMC 电子商务沙盘系统中，模拟企业可根据不同城市的城市影响力、租金差、工资差等信息选择合适的办公城市，而且办公室只能在全国范围内建立一个。系统初期开放了 15 个城市，这 15 个城市的城市品牌影响力、租金差、工资差是不一样的，它们分布在我国东、南、西、北不同的位置，如表 3-1 所示。模拟企业可以根据自己的经营战略选择其中一个城市。

表 3-1　期初开放的城市及参数

城市名	租金差	工资差	城市品牌影响力
北京	30%	60%	6
杭州	40%	60%	7
重庆	20%	20%	3
沈阳	20%	20%	2
太原	10%	20%	2
海口	20%	0	1
南京	30%	50%	4
银川	0	0	1
哈尔滨	10%	30%	3
广州	40%	60%	6
贵阳	10%	20%	2
石家庄	20%	20%	2
长沙	20%	20%	2
上海	40%	60%	6
拉萨	0	0	1

通过表 3-1 可以得知，城市品牌影响力大的城市，其租金差和工资差一般较高；反之，城市品牌影响力小的城市，其租金差和工资差较低，城市品牌影响力与租金差和工资差基本成正比例关系。

租金差是指不同城市之间租金的差别百分比，如系统规定普通办公室的租赁价格为 96，模拟企业选择在北京成立公司，由表 3-1 期初开放的城市及参数可知，北京的租金差为 30%，则模拟企业每期应出的办公室租赁费=租赁价格×（1+租金差）=96×（1+30%）=124.8。工资差是指不同城市之间的工资差别百分比，如系统规定初级经理每期的工资为7，若办公城市选择的是北京，由表3-1期初开放的城市及参数可知，北京的工资差为60%，则模拟企业每期应支付初级经理的工资=基本工资×（1+工资差）=7×（1+60%）=11.2。城市品牌影响力是指一个城市由于自身独特的品牌影响力而产生的社会效益与经济利益，如一个地级城市的影响力很难超过省会城市的影响力，省会城市的影响力很难超过一线城市。但在电子商务方面，杭州的影响力可与一线城市媲美甚至超越它们。

选择办公城市的操作步骤如下：

① 在系统左侧窗口的"经营流程"模块中，单击"开店"标签下的"办公场所设立"选项；

② 在右侧窗口中单击"选择办公城市"标签；

③ 在右侧窗口中单击要选择的城市，被选中城市的字体颜色变为红色；

④ 单击"下一步"按钮进入"选择办公场所类型"的设置。

3.1.2　选择办公场所类型

根据办公场所的容纳人数、租赁价格、维修费用等信息选择合适的办公场所。系统提供的办公场所有两种类型：普通办公室和豪华办公室。这两种办公室的面积、容纳人数、租赁价格、维修费用、管理费用和搬迁费用等参数如图3-1所示。

图3-1　办公场所类型及参数

选择办公场所类型的操作步骤如下：

① 在系统左侧窗口的"经营流程"中，单击"开店"标签下的"办公场所设立"选项，如图3-2所示；

② 在右侧窗口中单击"选择办公场所类型"标签；

③ 假如要选择普通办公室，可单击窗口左侧的"普通办公室"，如图3-2所示；

④ 单击"下一步"按钮进入"招贤纳士"的设置，办公场所类型选择结果显示界面如图3-3所示。

图3-2　办公场所类型的设置步骤

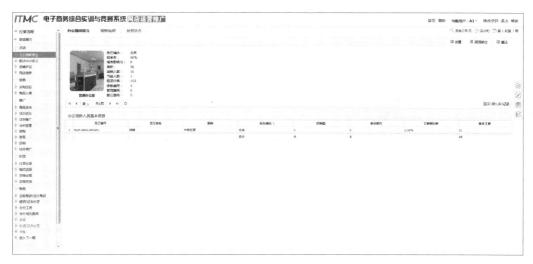

图3-3　办公场所类型选择结果显示界面

3.1.3　招贤纳士

确定好办公城市和办公场所类型后，店长还需要根据模拟企业的经营策略招聘一定数量和有相关职称的员工。选择员工主要考虑三个方面，即员工的基本工资、业务能力、工资增长率。员工的业务能力和职称是挂钩的，企业的职称分为初级经理、中级经理和高级经理，员工的业务能力关系到企业综合评价指数的计算。员工的基本工资、业务能力、工资增长率数据详见表3-2。

表3-2　员工参数

职称	基本工资	业务能力	工资增长率
初级经理	7	2	
中级经理	15	6	
高级经理	22	10	10%

招贤纳士的操作步骤如下：

① 在系统左侧窗口的"经营流程"中，单击"开店"标签下的"办公场所设立"选项，如图3-4所示；

图3-4　招贤纳士的设置步骤

② 在右侧窗口中单击"招贤纳士"标签；

③ 在要选择的员工前面的复选框中打"√"即可；

④ 单击"完成"按钮，此时公共场所设置完毕。

3.1.4　办公场所的选择规则

选择办公场所时需要注意以下规则。

① 城市品牌影响力关系到综合评价指数的计算，而综合评价指数是综合人群选择卖家的主要参考依据。

② 办公场所确定下来后并不是一成不变的，模拟企业可以根据经营需求进行办公场所的搬迁和办公场所类型的改建。办公场所搬迁是指办公场所由一个城市搬迁到另外一个城市，即办公室可在不同城市之间进行搬迁。办公场所搬迁需要支付一定的搬迁费用，如普通办公室的搬迁费用为5，豪华办公室的搬迁费用为26；另外，若办公场所搬迁至租金高的城市则需要补充城市间的租金差，反之，搬迁至租金低的城市系统不退还租金差。

③ 选择员工时除了要考虑的员工的基本工资、业务能力、工资增长率，员工的经验值也是一项很重要的参数，因为它关系到企业综合评价指数的计算，员工每在模拟企业工作一期，员工的经验值就增加1。

> 📖 **高手指津**
>
> 办公场所设立包含三部分内容，分别是选择建设城市、选择办公场所类型和招贤纳士，其中办公场所根据员工的数量选择"普通办公室"或"豪华版公司"即可；办公城市和招贤纳士的选择要根据模拟企业的运营策略来进行，如果模拟企业一开始的重点是低价人群，则可以选择租金差和工资差较低的城市、雇佣较少的员工以节约成本，保证即使商品的一口价较低模拟企业也能有盈利，反之，如果模拟企业一开始的重点是综合人群，则可以选择租金差和工资差较高的城市、雇佣较多的员工以增加企业综合评价指数，以吸引更多的综合人群订单。

3.2 配送中心设立

配送中心是指从事货物配备（集货、加工、分货、拣选、配货）和给用户送货作业的现代流通设施。

配送中心设立

配送中心设立的位置与数量需要考虑商品需求人群所在地、物流成本进行决策。模拟企业可根据市场需求及不同城市的租金差、物流费用、工资差、是否支持邮寄等信息选择合适的城市设立配送中心，并设置配送区域。配送中心的类型包括小型配送中心、中型配送中心、大型配送中心、超级小型配送中心、超级中型配送中心和超级大型配送中心这六种。各配送中心具体的参数见表3-3。

表3-3　配送中心的类型及参数

配送中心类型	体积	租赁价格	维修费用	管理费用	搬迁费用
小型配送中心	100	32	3	0	2
中型配送中心	200	36	4	0	2
大型配送中心	500	40	8	0	10
超级小型配送中心	4000	96	12	0	18
超级中型配送中心	10000	192	25	0	36
超级大型配送中心	30000	384	51	0	72

配送中心的设置方式有五种：租赁、改建、搬迁、退租、设配区。

3.2.1 租赁

租赁是指在约定期间，出租人将资产使用权让与承租人以获取租金的行为。系统中，约定期限为一期，即每期支付一次租金，模拟企业租赁配送中心只有配送中心的使用权，配送中心不属于模拟企业的资产。模拟企业可根据体积、租赁价格、维修费用、管理费用及搬迁费用选择租赁合适的配送中心。

配送中心租赁的操作步骤如下：

① 在系统左侧窗口的"经营流程"中，单击"开店"标签下的"配送中心设立"选项，如图3-5所示；

图3-5　配送中心设立的初始页面

② 在右侧的窗口右上方中单击"租赁"按钮；

③ 在出现的地图中选择配送中心所在的城市；

④ 在出现的配送中心类型中单击选择其中一个，单击"完成"按钮，如图3-6所示；

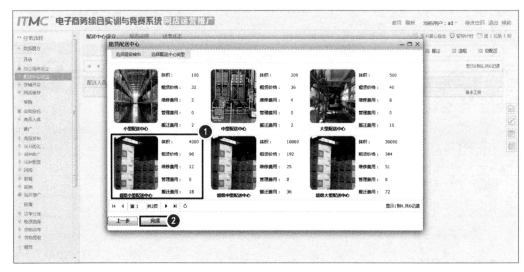

图3-6　配送中心类型的选择

⑤ 此时配送中心设置完毕，设立结果如图3-7所示。

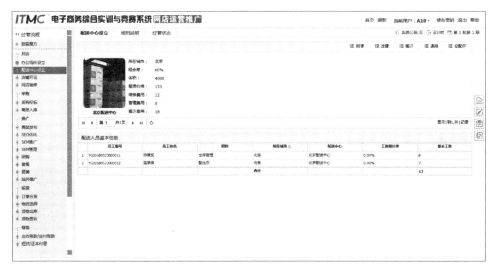

图3-7 配送中心设立结果显示

3.2.2 改建

模拟企业在实际运营的过程中会发现租赁的配送中心太小了，导致后面采购的商品无法入库，此时可以把原来租赁的体积小的配送中心类型更改为体积大的配送中心，这时模拟企业只需要再支付两类配送中心的租金差价就可以了；同样，模拟企业在实际运营的过程中也可能发现租赁的配送中心体积大了，导致了租金的浪费，可把体积大的配送中心改为体积小的配送中心，此时当期的租金差不退还，但是在下一期则开始按照体积小的配送中心收取租金。

配送中心改建的操作步骤如下：

① 在系统左侧窗口的"经营流程"中，单击"开店"标签下的"配送中心设立"选项，在出现的已建好配送中心中选择要改建的配送中心，单击右上方中的"改建"按钮，如图3-8所示；

图3-8 配送中心改建初始页面

② 在出现的配送中心类型中单击选择要改建成的配送中心类型，如图3-9所示；

图3-9　选择要改建的配送中心

③ 单击"确定"按钮，此时配送改建设置完毕，如图3-10所示。

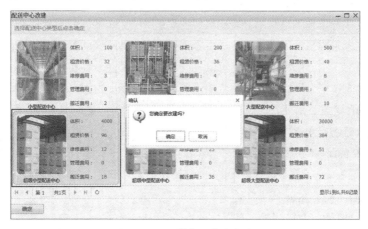

图3-10　配送中心改建确认

↘ 3.2.3　搬迁

搬迁是指配送中心由一个城市搬到另外一个城市。模拟企业可根据经营需求改变配送中心所在的城市。

配送中心搬迁的操作步骤如下：

① 在系统左侧窗口的"经营流程"中，单击"开店"标签下的"配送中心设立"选项，如图3-11所示；

② 在出现的已建好的配送中心中选择要搬迁的配送中心，单击右上方的"搬迁"按钮，如图3-12所示；

③ 在出现在地图上重新确定配送中心所在城市；

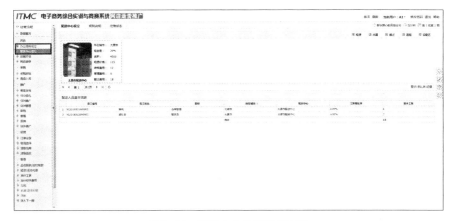

图3-11 配送中心搬迁初始页面

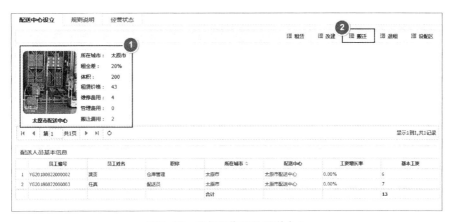

图3-12 选择要搬迁的配送中心

④ 在弹出的"确认"对话框上，单击"确定"按钮，如图3-13所示，系统支付搬迁费用后，配送中线搬迁设置完毕。

图3-13 配送中心搬迁确认

3.2.4 退租

退租是把已经租赁的、但空闲的配送中心退掉。如果不选择退租，不管配送中心是否闲置系统都会默认续租。

配送中心退租的操作步骤如下：

① 在系统左侧窗口的"经营流程"中，单击"开店"标签下的"配送中心设立"选项，如图3-14所示；

② 在出现的已建好的配送中心中选择要退租的配送中心，单击右上方的"退租"按钮，如图3-14所示；

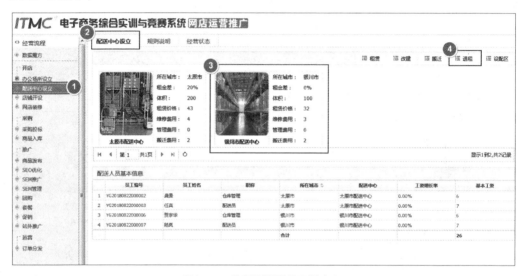

图3-14　选择要退租的配送中心

③ 单击"确定"按钮，此时退租设置完毕，如图3-15、图3-16所示。

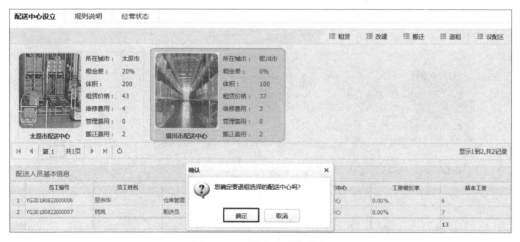

图3-15　配送中心退租确认

图3-16　配送中心退租成功界面

▷ 3.2.5　设配区

设配区是指配送中心建好后，要设定该配送中心负责配送的城市，否则系统会默认为空，即该配送中心只负责商品入库，无法向任何城市配送货物，所以设配区这一步一定要做，否则无法发货，如果在设置配送中心时忘了设配区，也可以随时回到配区页面进行配区的设置。

配送中心设配区的操作步骤如下：

① 在系统左侧窗口的"经营流程"中，单击"开店"标签下的"配送中心设立"选项，在出现的已建好的配送中心中选择要设配区的配送中心，单击右上方的"设配区"按钮，如图3-17所示；

② 在出现的"设置配送区域"窗口，可进行"配送中心""配送区域"和"默认物流公司"的选择，选择好后，单击"设置"按钮，如图3-18所示。

图3-17　设配区的初始页面

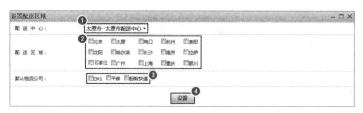

图3-18　设配区的操作页面

3.2.6　配送中心设置规则

配送中心在设置时还需要注意以下规则。

① 租赁：一家模拟企业可租赁多个配送中心，但每个城市只能租赁一个配送中心。一旦建好一个配送中心，系统会自动创建两名员工，即一名仓库管理，基本工资为6，一名配送员，基本工资为7。

② 改建：改建时，若是将体积小的改为体积大的，则补充租金差价；若是将体积大的改为体积小的，系统不退还租金差价。

③ 搬迁：搬迁时仓库必须空置，否则无法搬迁；搬迁需要支付一定的搬迁费用。若搬迁至租金高的城市则需补充相应差价，反之搬迁至租金低的城市不退还差价。配送中心搬迁时，系统需要有足够的现金支付搬迁费用，否则无法搬迁。

④ 退租：闲置的仓库要退租，若不退租则到期后系统会默认续租；退租时，仓库必须空置；若在每期期中退租，仍需支付整期的配送中心人员工资。

⑤ 设配区：若多个配送中心选择的默认配送区域里包含若干个相同的城市，则在这些城市中按照租赁配送中心的先后顺序选择默认的配送中心。

⑥ 相关费用：每期配送中心的租金=租赁价格×（1+租金差）；
　　　　　　　每期人员的工资=基本工资×（1+工资差）。

📖 **高手指津**

设置配送中心时要重点考虑两个方面，一是配送中心所在城市的租金差和工资差，二是物流距离，对这两方面的考虑都是为了节约物流成本。在设配区时一般选择默认物流公司为蚂蚁快递，这是出于加快资金流转的需要；随着网店运营的推进，需求城市会逐渐增加，模拟企业可根据需求城市和需求商品适当增加物流配送中心，并根据距离调整配区。

3.3　店铺开设

系统模拟的是电子商务企业的运营，运营是离不开店铺的。根据对现实情况的分析，系统把店铺分成两类，即C店（即个人店铺、集市店铺）和B店（即商城店铺）。其中，C店的建立无须资金，类似淘宝店铺，B店的建立需要一定的周期和时间，类似天猫店铺。运营主管应根据模拟企业的经营需求开设C店或筹建B店。

店铺开设

📝 **素质课堂**

《电子商务法》第十条规定：电子商务经营者应当依法办理市场主体登记。但是，个人销售自产农副产品、家庭手工业产品，个人利用自己的技能从事依法无须取得许可的便民劳务活动和零星小额交易活动，以及依照法律、行政法规不需要进行登记的除外。

3.3.1　开设C店

因为ITMC电子商务沙盘系统主要是用于对企业的运营进行练习，因此系统对C店的开设步骤进行了简化，只需要添加店铺名称、经营宗旨及描述三部分内容，并进行简单设置即可。

C店开设的操作步骤如下：

① 在系统左侧窗口的"经营流程"中，单击"开店"标签下的"店铺开设"选项，如图3-19所示；

图3-19　C店的开设步骤

② 在右侧窗口中选择"开设C店"标签项；

③ 在右侧窗口输入"C店名称""经营宗旨""描述"等内容，内容设置好后，单击"开设C店"按钮；

④ C店开设结果显示如图3-20所示。

图3-20　C店开设结果显示

3.3.2　开设B店

因为ITMC电子商务沙盘系统主要是用于对企业的运营进行练习，因此系统对于B店的开设也进行了简化，模拟企业只需要花费一定的时间和费用就可以开设B店，而无须通过后台的审核。

B店开设的操作步骤如下：

① 在系统左侧窗口的"经营流程"中，单击"开店"标签下的"店铺开设"选项，如图3-21所示；

② 在右侧窗口中选择"开设B店"标签项；

③ 在右侧窗口选择"B店筹建"标签；

④ 单击"筹建"按钮。

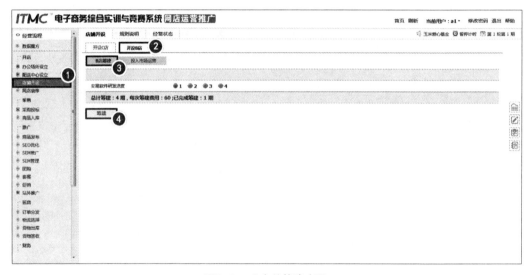

图3-21　B店的筹建步骤

由于B店铺筹建需要4期，因此投资1期后，B店的筹建结果如图3-22所示，已筹建过的周期系统会用红色表示，未筹建的周期则用绿色标示出来。

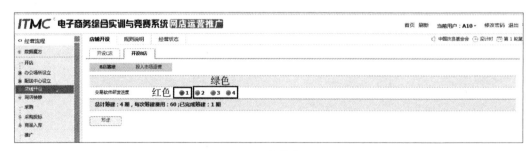

图3-22　B店筹建页面

↘ 3.3.3　店铺开设规则

① C店：C店一经开设就可以投入使用，但C店不可以进行站外媒体推广，不能获得品牌人群客户订单。

② B店：筹备周期需要4期，每期费用为60，筹备周期可根据运营需求间断进行、不用连续，但投入的筹备资金无法退出，投入资金够4期后B店筹建成功；B店可以进行站外媒体推广，从而获得品牌人群客户订单。

3.4　网店装修

网店装修是指对网店的招牌、自定义模块、自定义页面，以及商品分类、商品详情页等内容进行美化装饰的过程。ITMC电子商务沙盘系统对网店装修的过程进行了简化，模拟企业只需要花费一定的费用就可以进行网店装修。

网店装修

网店装修分为简装修、普通装修及精装修，每种装修费用及获得的视觉值不同，如表3-4所示。网店装修可获得视觉值与店铺人气，增加综合人群成交机会，并影响各类人群的成交顺序。

表3-4　网店装修参数

装修名称	装修费用	视觉值
简装修	8	5
普通装修	10	10
精装修	15	20

↘ 3.4.1　网店装修步骤

运营主管可根据经营需求，对网店进行适当装修以提升网店的视觉值。

网店装修的操作步骤如下：

① 在系统左侧窗口的"经营流程"中，单击"开店"标签下的"网店装修"选项，如图3-23所示；

② 在右侧窗口中选择"网店装修"标签项；

③ 单击选择要装修的网店（因此时B店还没有筹建好，所以只显示了C店）；

④ 单击"网店装修"按钮，进入网店装修类型的选择，如图3-23所示；

⑤ 在出现的"选择网店装修模板"中单击选择一种装修模板，单击"开始装修"按钮，如图3-24所示。

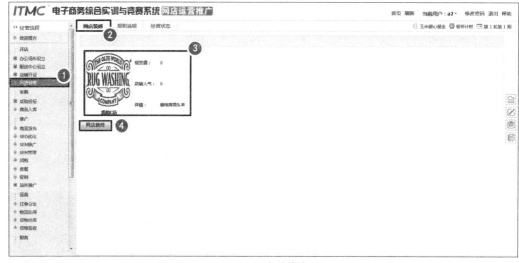

图3-23　网店装修步骤

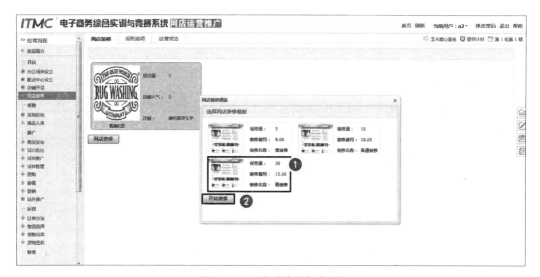

图3-24　网店装修模板类型

3.4.2　网店装修规则

店铺的视觉值每期都会下降10，每期都可以对店铺进行一次装修，模拟企业可根据实际需求决定是否进行装修、如何装修。

实训任务单

1．请小组成员进行网店开店前的运营规划讨论，并完成表3-5的填写。

表 3-5　开店运营规划思路

网店名称		
开店运营规划思路	办公场所设立	
	配送中心设立	
	店铺开设	
	店铺装修	

2．根据开店的步骤和实际现金收支情况填写表3-6。

表 3-6　"网店运营—开店篇"现金流量表

序号	项目	具体开支目录	资金流向	金额	合计
1	期初	期初资金	+		
2	办公场所设立	办公城市	−		
		办公场所类型	/	/	
		招贤纳士	−		
3	配送中心设立	租赁：城市、类型	−		
		改建	−		
		搬迁	−		
		退租	+		
		设配区	/		
4	店铺开设	开设 C 店	/		
		开设 B 店	−		
5	店铺装修	简装修	−		
		普通装修	−		
		精装修	−		
6	融资情况	短期贷款	+		
		民间融资	+		
		长期贷款	+		
合计					

CHAPTER 04

第4章
经营流程——采购篇

学习目标

（1）了解采购投标的含义；

（2）了解商品的促销方式和相关要求；

（3）理解波士顿矩阵理论；

（4）能够根据实际情况进行采购投标；

（5）能够进行商品入库的操作；

（6）能够根据波士顿矩阵理论进行商品定位；

（7）能够结合市场预测、市场需求和企业实际情况制订采购计划。

📝 **素质课堂**

《礼记·中庸》："凡事豫则立，不豫则废。"豫，亦作"预"。此句含义是：做任何事情，事前有准备就可能成功，没有准备则可能失败。行事前先有计划，就不容易产生错误或出现后悔的事。

4.1 采购投标

采购投标是指模拟企业根据数据魔方的市场需求数据，选择合适类目的商品进行经营，根据供应商提供商品的促销方式、数量、体积、价格制订采购投标方案，通过公开竞标的方式获得该种商品的过程。

企业的经营都是从采购开始的。模拟系统中的企业需要先采购商品，然后借助网店销售商品，赚取差价。

采购投标

4.1.1　供应信息

系统每一轮和每一期市场上提供的商品都是不一样的，每次操作的时候供应商的商品供应信息都会显示，例如第一轮第一期的供应信息如图4-1所示。

	公司	商品	促销方式	数量 ▲	单位体积	最低价格
1	周大福珠宝商	项链	数量大于:70 信誉度大于:60 享受账期:0 享受折扣:0.90	120	2	20.00
2	中意家具城	桌子	数量大于:150 信誉度大于:120 享受账期:0 享受折扣:0.85	168	10	14.00
3	黄金电子城	油烟机	数量大于:70 信誉度大于:60 享受账期:0 享受折扣:0.90	300	5	8.00
4	时尚服装厂	裤子	数量大于:50 信誉度大于:50 享受账期:0 享受折扣:0.95	1680	3	2.00

图4-1　第一轮第一期供应信息

图4-1显示的供应信息包括公司、商品、促销方式、数量、单位体积和最低价格（指每件最低价格）。其中，公司是指供应商的公司名称。商品是指该供应商提供的商品种类。促销方式是指同种商品一次性采购数量和信誉度都达到供应商的促销方式要求时，可以享受的价格和账期上的优惠。例如，第一轮第一期油烟机的优惠条件为"数量大于：200　信誉度大于：200享受账期：0　享受折扣：0.80"，即当购买油烟机的数量大于200并且模拟企业的信誉度大于200的时候，可以按照采购价格的80%进行采购；供应信息的享受账期都为0，表示只能现金采购，不能赊账，即在沙盘运营中是不会产生应付账款的。采购方案制订时，可以结合供应商的促销方式进行采购。单位体积是指每一个该类商品所占的空间。最低价格是指供应商所能接受的商品的最低采购价格，如果买家的出价低于该价格，即使供应商有库存也不会成交。

4.1.2　添加信息

添加信息是指添加一条采购信息，即模拟公司在系统中添加一条采购商品的信息。

添加采购信息的操作步骤如下：

① 在系统左侧窗口的"经营流程"中，单击"采购"标签下的"采购投标"选项，在右侧窗口的右上方单击"添加"按钮，如图4-2所示；

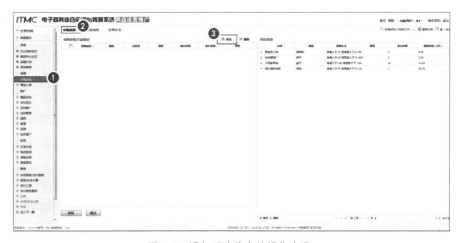

图4-2　添加采购信息的操作步骤1

② 在出现的"采购信息"窗口中输入采购城市、采购商品、采购数量和单价，单击"保存"按钮，如图4-3所示；

图4-3 添加采购信息的操作步骤2

③ 采购信息添加成功，结果如图4-4所示。

图4-4 添加采购信息的结果显示

📖 **高手指津**

（1）在制订采购投标方案时，需要确定合适的采购城市，中标后的商品必须入库到该城市的配送中心，如果入库其他城市的配送中心，需要先入库该城市的配送中心，再进行调拨。

（2）添加采购信息时，系统会自动把采购金额在现金中进行冻结，如果采购不成功，系统会自动解冻冻结的现金；如果模拟企业的现金不足以支付添加的采购订单的金额，则该条信息无法添加成功，模拟企业要么调整商品的采购数量或价格，要么进行短期贷款或民间融资，以保证有足够的现金进行采购。

↘ 4.1.3 修改/删除信息

添加成功的信息可以修改部分信息和删除整条信息。修改/删除信息的操作步骤如下：

① 在系统左侧窗口的"经营流程"中，单击"采购"标签下的"采购投标"选项；

② 在右侧窗口的右上方单击"删除"按钮；

③ 已添加成功的采购方案会在"采购投标方案制订"窗口中显示出来，如果要对信息进行修改，可单击该条信息后的"编辑"按钮，如果要对信息进行删除，可单击该条信息后的"删除"按钮，如图4-5所示。

图4-5 修改/删除信息的操作步骤

4.1.4　投标

采购信息添加完毕，即采购投标方案制订好以后，还需要递交投标方案。递交投标方案的操作步骤如下：

① 在系统左侧窗口的"经营流程"中，单击"采购"标签下的"采购投标"选项，在右侧的窗口下方单击"投标"按钮，如图4-6所示；

图4-6　递交投标方案的操作步骤

② 在出现的"确认"对话框中单击"确定"按钮，如图4-7所示。

图4-7　采购投标确认

📖 高手指津

（1）随着模拟系统的运营，部分模拟企业由于资金充裕可能会提高商品的采购单价。为了保证能够采购到所需商品，模拟企业可以针对同一商品提交多次不同的采购信息，填写不同的采购数量和单价，也就是针对同一商品可进行阶梯价格采购。

（2）随着模拟系统的运营，部分模拟企业出于节省物流费用的考虑会建两个或多个配送中心，在填写"采购城市"时可根据数据魔方中的需求城市和未发货订单中的到达城市选择合适的配送中心所在城市。

↘ 4.1.5 跳过

跳过是指不进行采购直接跳过该步骤。模拟公司跳过采购投标要么是企业库存丰富，暂时不需要采购；要么是企业资金不足，无法进行采购。

跳过投标方案的操作步骤如下：

① 在系统左侧窗口的"经营流程"中，单击"采购"标签下的"采购投标"选项，在右侧的窗口下方单击"跳过"按钮，如图4-8所示；

图4-8　采购投标的结果显示

② 在出现的"确认"对话框中单击"确定"按钮。

采购结束后，系统会自动评判中标单位；采购竞标时，同一种商品按照单位价格出价的高低依次进行交易；如果竞标价格相同，则与供应商的关系值高的优先成交；如果竞标价格相同，与供应商的关系值也相同，则媒体影响力高的优先成交；如都相同，则系统会继续比较社会慈善、销售额、投标提交的先后顺序来依次决定交易顺序。

注意：采购投标方案一定要在系统规定的时间内提交（系统窗口的右上角有倒计时），采购投标每期只能递交一次采购投标方案，且一旦递交后采购投标方案无法修改。

↘ 4.1.6 商品定位

采购投标在ITMC电子商务沙盘运营中的起着重要的作用，因为采购是销售的基础，只有采购到了适销对路的商品，模拟企业的商品才好销售，有了销售才有可能有利润；否则，由于采购的商品处于衰退期，价格低需求少，商品很难销售出去，则企业将很难获取利润。因此，在采购投标时，不仅要对商品所处的生命周期进行分析，还应结合"波士顿矩阵"对商品进行定位。

波士顿矩阵（BCG Matrix），又称市场增长率-相对市场份额矩阵。波士顿矩阵认为一般决定商品结构的基本因素有两个，即市场引力与企业实力。市场引力包括整个市场的销售增长率（销售额增长率或销售量增长率）、竞争对手强弱及利润高低等，其中最主要的是反映市场引力的综合指标——销售增长率，这是决定企业商品结构是否合理的外在因素。企业实力包括市场占有率，技术、设备、资金利用能力等，其中市场占有率是决定企业商品结构的内在要素，它能直接显示出企业的竞争实力。因此，图4-9所示的波士顿矩阵中，纵坐标为销售增长率，横坐标为相对市场占有率。

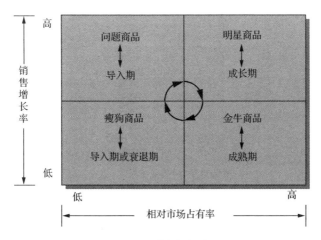

图4-9　波士顿矩阵

波士顿矩阵将企业所有商品从销售增长率和相对市场占有率角度进行再组合。在坐标图上，以纵轴表示企业销售增长率，横轴表示相对市场占有率，以10%的销售增长率和20%的市场占有率为高低标准分界线，将坐标图划分为四个象限。然后把企业全部商品按其销售增长率和市场占有率的大小，在坐标图上标出其相应位置（作为圆心）。定位后，按每种商品当年销售额的多少，绘成面积不等的圆圈，顺序标上不同的数字代号以示区别。定位的结果将商品划分为四种类型，即四个象限，依次为"明星商品（★）""问题商品（？）"金牛商品（￥）""瘦狗商品（×）"。其目的在于通过商品所处不同象限的划分，使企业采取不同策略，保证企业不断地淘汰无发展前景的商品，保持"问题""明星""金牛"商品的合理组合，实现商品及资源分配的良性循环。

1. 明星商品

明星商品是指处于高增长率、高市场占有率象限内的商品。这类产品可能成为企业的金牛商品，需要加大投资以支持其迅速发展。采用的发展战略是积极扩大经济规模和市场机会，以长远利益为目标，提高市场占有率，加强竞争力。

2. 金牛商品

金牛商品又称厚利商品。它是指处于低增长率、高市场占有率象限内的商品，已进入成熟期，是企业现金的主要来源。由于市场已经成熟，企业不必大量投资来扩展市场规模，同时作为市场中的领导者，该商品的业务享有规模经济和高边际利润的优势，因而能给企业带来大量的财源。

3. 问题商品

问题商品是处于高增长率、低市场占有率象限内的商品。前者说明市场机会大，前景好，而后者则说明商品在市场营销上存在问题。其财务特点是利润率较低，所需资金不足，负债比例高。例如，在商品生命周期中处于引进期、因种种原因未能开拓市场局面的新商品即属此类商品。对问题商品、企业应采取选择性投资战略。因此，对问题商品的改进与扶持方案一般均需列入企业长期计划中。

4. 瘦狗商品

瘦狗商品也称衰退类商品。它是处在低增长率、低市场占有率象限内的商品。其财务特点是利润率低、处于保本或亏损状态，负债比例高，无法为企业带来收益。对这类商品，企业应采用撤退战略，应减少采购批量，逐渐退出市场，对那些销售增长率和市场占有率均极低的商品应立即淘汰。

4.2　商品入库

4.2.1　商品入库

系统结束采购后，会自动评判中标单位。之后，模拟公司要对采购成功的商品进行入库处理，即商品入库。

商品入库的操作步骤如下：

① 在系统左侧窗口的"经营流程"中，单击"采购"标签下的"商品入库"选项；

② 在右侧的窗口中选择中标信息，单击右上方的"商品入库"按钮，如图4-10所示。

图4-10　商品入库的操作步骤

📖 高手指津

若配送中心体积大于所采购商品体积总和则商品入库成功，若配送中心体积小于所采购商品体积总和，则需先进行配送中心扩建，然后再重新入库。

4.2.2　跳过入库

跳过入库的操作主要在以下两种情况下执行：一是模拟企业没有采购到商品，无法进行正常的商品入库，这时就需要进行"跳过入库"的操作；二是模拟企业如果在"采购投标"时选择的是"跳过"，那么这时也需要执行"跳过入库"的操作。

跳过入库的操作步骤如下：

在系统左侧窗口的"经营流程"中，单击"采购"标签下的"商品入库"选项，在右侧的窗口右上方单击"跳过入库"按钮，如图4-11所示。

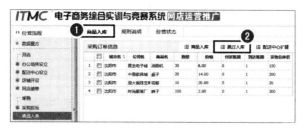

图4-11 跳过入库的操作步骤

4.2.3 配送中心扩建

若配送中心体积小于所采购商品体积总和，则需先进行配送中心扩建，然后再重新入库。
配送中心扩建的操作步骤如下：

① 在系统左侧窗口的"经营流程"中，单击"采购"标签下的"商品入库"选项；

② 在图4-11所示的界面中单击右上方的"配送中心扩建"按钮，出现"配送中心建立"页面，如图4-12所示；

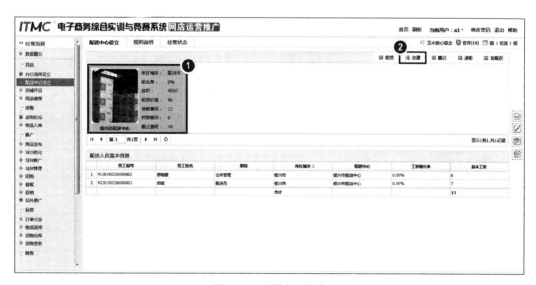

图4-12 配送中心扩建

③ 在图4-12所示的界面中，单击选中要扩建的配送中心，然后单击窗口右上方的"改建"选项，在出现的图4-13所示的对话框中单击要扩建的配送中心类型，单击"确定"按钮即可；

④ 在弹出的"确认"对话框上单击"确定"按钮，如图4-14所示，支付差价即可完成扩建。

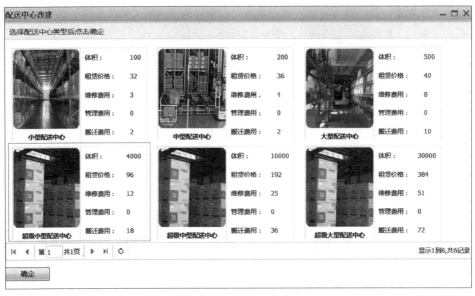

图4-13　选择扩建的配送中心类型

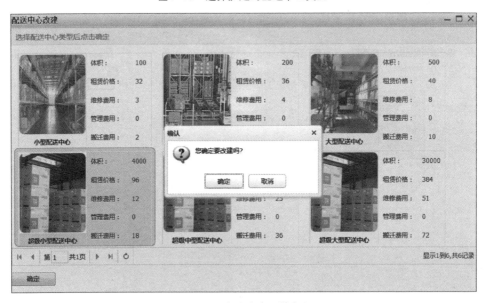

图4-14　确认改建配送中心

实训任务单

1．请小组成员结合系统"辅助工具-市场预测图""数据魔方"，以及各轮次出现的商品，完成表4-1～表4-13的填写。并根据商品的市场发展趋势预测思考商品属于商品定位中的何种商品，根据数据魔方中的市场实际需求数据，思考如何制订采购计划。

表 4-1　桌子采购分析统计表

桌子		第一轮 第一期	第一轮 第二期	第二轮 第一期	第二轮 第二期	第三轮 第一期
市场数量预测						
市场价格预测						
市场预测 趋势线	数量趋势线					
	价格趋势线					
市场需求 数据	需求城市					
	平均价格					
	需求数量					

表 4-2　油烟机采购分析统计表

油烟机		第一轮 第一期	第一轮 第二期	第二轮 第一期	第二轮 第二期	第三轮 第一期
市场数量预测						
市场价格预测						
市场预测 趋势线	数量趋势线					
	价格趋势线					
市场需求 数据	需求城市					
	平均价格					
	需求数量					

表 4-3　项链采购分析统计表

项链		第一轮第一期	第一轮第二期	第二轮第一期	第二轮第二期	第三轮第一期	第三轮第二期	第四轮第一期	第四轮第二期	第五轮第一期
市场数量预测										
市场价格预测										
市场预测趋势线	数量趋势线									
	价格趋势线									
市场需求数据	需求城市									
	平均价格									
	需求数量									

表 4-4　裤子采购分析统计表

裤子		第一轮第一期	第一轮第二期	第二轮第一期	第二轮第二期	第三轮第一期	第三轮第二期	第四轮第一期
市场数量预测								
市场价格预测								
市场预测趋势线	数量趋势线							
	价格趋势线							
市场需求数据	需求城市							
	平均价格							
	需求数量							

表 4-5　床采购分析统计表

床		第一轮第二期	第二轮第一期	第二轮第二期	第三轮第一期	第三轮第二期	第四轮第一期	第四轮第二期	第五轮第一期
市场数量预测									
市场价格预测									
市场预测趋势线	数量趋势线								
	价格趋势线								
市场需求数据	需求城市								
	平均价格								
	需求数量								

表 4-6　平板电视采购分析统计表

平板电视		第二轮第一期	第二轮第二期	第三轮第一期	第三轮第二期	第四轮第一期	第四轮第二期	第五轮第一期
市场数量预测								
市场价格预测								
市场预测趋势线	数量趋势线							
	价格趋势线							
市场需求数据	需求城市							
	平均价格							
	需求数量							

表 4-7　西装采购分析统计表

西装		第二轮 第二期	第三轮 第一期	第三轮 第二期	第四轮 第一期	第四轮 第二期	第五轮 第一期	第五轮 第二期
市场数量预测								
市场价格预测								
市场预测 趋势线	数量趋势线							
	价格趋势线							
市场需求 数据	需求城市							
	平均价格							
	需求数量							

表 4-8　手链采购分析统计表

手链		第三轮 第一期	第三轮 第二期	第四轮 第一期	第四轮 第二期	第五轮 第一期	第五轮 第二期
市场数量预测							
市场价格预测							
市场预测 趋势线	数量趋势线						
	价格趋势线						
市场需求 数据	需求城市						
	平均价格						
	需求数量						

表 4-9　柜子采购分析统计表

柜子		第三轮 第二期	第四轮 第一期	第四轮 第二期	第五轮 第一期	第五轮 第二期	第六轮 第一期
市场数量预测							
市场价格预测							
市场预测 趋势线	数量趋势线						
	价格趋势线						
市场需求 数据	需求城市						
	平均价格						
	需求数量						

表 4-10　热水器采购分析统计表

热水器		第四轮 第一期	第四轮 第二期	第五轮 第一期	第五轮 第二期	第六轮 第一期	第六轮 第二期
市场数量预测							
市场价格预测							
市场预测 趋势线	数量趋势线						
	价格趋势线						
市场需求 数据	需求城市						
	平均价格						
	需求数量						

表4-11 连衣裙采购分析统计表

连衣裙		第四轮第二期	第五轮第一期	第五轮第二期	第六轮第一期	第六轮第二期	第七轮第一期
市场数量预测							
市场价格预测							
市场预测趋势线	数量趋势线						
	价格趋势线						
市场需求数据	需求城市						
	平均价格						
	需求数量						

表4-12 戒指/指环采购分析统计表

戒指/指环		第五轮第一期	第五轮第二期	第六轮第一期	第六轮第二期	第七轮第一期	第七轮第二期
市场数量预测							
市场价格预测							
市场预测趋势线	数量趋势线						
	价格趋势线						
市场需求数据	需求城市						
	平均价格						
	需求数量						

表 4-13　空调采购分析统计表

空调		第五轮第二期	第六轮第一期	第六轮第二期	第七轮第一期	第七轮第二期	第八轮第一期
市场数量预测							
市场价格预测							
市场预测趋势线	数量趋势线						
	价格趋势线						
市场需求数据	需求城市						
	平均价格						
	需求数量						

填写说明：模拟系统只开设了 5 轮 10 期，并没有 6-1、6-2 等的运营，之所以在表 4-9、表 4-10、表 4-11、表 4-12 和表 4-13 出现了 5 轮以上的轮期，是为了分析该商品在商品生命周期所处的阶段，以便于更好地进行商品定位。

2．结合市场预测和市场需求、企业商品销售情况和企业资金现状，制订各轮期的采购计划表并进行填写，如表 4-14～表 4-23 所示。

表 4-14　第一轮第一期采购计划表

商品	已有库存	未交货数量	商品绩效	采购数量	采购价格	采购金额
桌子						
油烟机						
项链						
裤子						
金额合计						

表 4-15　第一轮第二期采购计划表

商品	已有库存	未交货数量	商品绩效	采购数量	采购价格	采购金额
桌子						
油烟机						
项链						
裤子						
床						
金额合计						

表 4-16　第二轮第一期采购计划表

商品	已有库存	未交货数量	商品绩效	采购数量	采购价格	采购金额
桌子						
油烟机						
项链						
裤子						
床						
平板电视						
金额合计						

表 4-17　第二轮第二期采购计划表

商品	已有库存	未交货数量	商品绩效	采购数量	采购价格	采购金额
桌子						
油烟机						
项链						
裤子						
床						
平板电视						
西装						
金额合计						

表 4-18　第三轮第一期采购计划表

商品	已有库存	未交货数量	商品绩效	采购数量	采购价格	采购金额
桌子						
油烟机						
项链						
裤子						
床						
平板电视						
西装						
手链						
金额合计						

表 4-19　第三轮第二期采购计划表

商品	已有库存	未交货数量	商品绩效	采购数量	采购价格	采购金额
项链						
裤子						
床						
平板电视						
西装						
手链						
柜子						
金额合计						

表 4-20　第四轮第一期采购计划表

商品	已有库存	未交货数量	商品绩效	采购数量	采购价格	采购金额
项链						
裤子						
床						
平板电视						
西装						
手链						
柜子						
热水器						
金额合计						

表 4-21　第四轮第二期采购计划表

商品	已有库存	未交货数量	商品绩效	采购数量	采购价格	采购金额
项链						
床						
平板电视						
西装						
手链						
柜子						
热水器						
连衣裙						
金额合计						

表 4-22　第五轮第一期采购计划表

商品	已有库存	未交货数量	商品绩效	采购数量	采购价格	采购金额
项链						
床						
平板电视						
西装						
手链						
柜子						
热水器						
连衣裙						
戒指／指环						
金额合计						

表 4-23　第五轮第二期采购计划表

商品	已有库存	未交货数量	商品绩效	采购数量	采购价格	采购金额
西装						
手链						
柜子						
热水器						
连衣裙						
戒指／指环						
空调						
金额合计						

3．根据采购的步骤和实际现金收支情况进行表4-24的填写，其中项目名称填写商品名称。

表4-24　"网店运营——采购篇"现金流量表

序号	项目	具体开支目录	资金流向	金额	合计
1	采购投标	商品采购	−		
			−		
			−		
			−		
			−		
			−		
2	融资情况	短期贷款	+		
		民间融资	+		
		长期贷款	+		
合计					

CHAPTER

05

第5章
经营流程——推广篇

学习目标

（1）了解SEO、SEM的含义；

（2）了解团购、套餐、促销的含义；

（3）能够进行商品绩效得分的计算；

（4）能够结合实际情况发布商品；

（5）能够有效进行SEO优化、SEM推广；

（6）掌握团购、套餐、促销的使用方法和技巧；

（7）能够进行站外推广的操作和优化；

（8）培养通过大数据进行精准营销的思维；

（9）激发利用专业知识进行创业的热情，解决实际问题，体验成功乐趣。

模拟企业采购要销售的商品后，则需要在系统开设的网店进行销售，在开设的网店进行商品销售包含的主要内容有发布商品、SEO优化、SEM推广、SEM管理、团购、套餐、促销和站外推广。

素质课堂

《孙子兵法·谋攻篇》中"知彼知己者，百战不殆；不知彼而知己，一胜一负，不知彼，不知己，每战必殆。"意思是：了解敌方也了解自己，每一次战斗都不易有危险；不了解对方但了解自己，胜负的概率各半；既不了解对方又不了解自己，常常会有危险。分析、了解自己和竞争对手是网店运营的前提和基础，管理者对双方情况的认识对网店运营成败至关重要。

5.1 发布商品

在真实企业中，发布商品是指企业在电商平台内开设的网店进行商品上架。在ITMC电子商务沙盘系统中，发布商品主要是指填写商品的基本信息和物流信息，而不涉及商品的主图和详情页。

发布商品

5.1.1 发布新商品步骤

发布新商品的操作步骤如下：

① 在系统左侧窗口的"经营流程"中，单击"推广"标签下的"商品发布"选项，如图5-1所示；

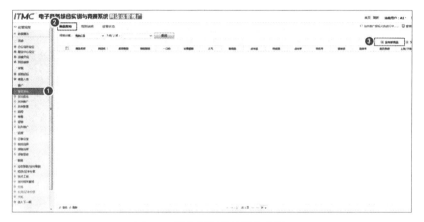

图5-1　发布新商品的操作步骤1

② 在右侧窗口的右上方单击"发布新商品"按钮；

③ 在弹出的"发布新商品"对话框中，设置商品信息，如图5-2所示；

图5-2　发布新商品的操作步骤2

④ 商品信息设置好后，单击"发布"按钮即可，发布新商品的结果显示如图5-3所示。

图5-3 发布新商品的结果显示

发布新商品时需要填写的一口价、物流信息、售后保障信息等的设置将直接影响到是否成交，这也是商品能否获取订单的关键因素。

5.1.2 发布商品规则

发布商品时应遵循系统规则，否则商品可能无法正常发布。发布商品的规则主要有以下几条。

① 若发布商品时设为卖家承担运费，则商品价格=商品一口价。若商品价格＞市场平均价格×（1+不同人群价格浮动率），则为违规价格，违规价格系统不提示，但不能成交。若发布商品时，设为买家承担运费，则商品价格=（商品一口价×购买数量+总物流运费）/购买数量。若商品价格＞市场平均价格×（1+不同人群价格浮动率），则为违规价格。

② 不同人群（综合人群、低价人群、品牌人群、犹豫不定人群）价格浮动率由期初教师端设置。系统默认设置为：品牌人群价格上浮0.2（20%），低价人群价格上浮0.1（10%），犹豫不定人群价格上浮动0.1（10%），综合人群价格上浮0.2（20%）。

③ 发布商品时，不管设为卖家承担运费还是买家承担运费，卖家都是按照实际的物流信息（"辅助工具"菜单下面可以查询物流信息）支付物流公司实际运费的。

④ 商品发布数量=库存数量+预售数量。系统允许商品预售，但是预售数量不能超过20件，若产生交易，必须按照买家要求的到货期限交货，否则将承担违约责任。

⑤ 商品的各项得分会影响商品的排序和店铺的综合得分。商品绩效得分=商品点击率得分+商品点击量得分+商品转化率得分+商品转化量得分+商品退单率得分+保修得分。

$$商品点击率得分=\begin{cases}商品点击率≥商品平均点击率⇒20分\\商品点击率＜商品平均点击率⇒\dfrac{商品点击率}{商品平均点击率}×20分\end{cases}$$

$$商品点击量得分=\begin{cases}商品点击量≥商品平均点击量⇒10分\\商品点击量＜商品平均点击量⇒\dfrac{商品点击量}{商品平均点击量}×10分\end{cases}$$

$$商品转化率得分=\begin{cases}商品转化率≥商品平均转化率⇒20分\\商品转化率＜商品平均转化率⇒\dfrac{商品转化率}{商品平均转化率}×20分\end{cases}$$

$$商品转化量得分=\begin{cases}商品转化量≥商品平均转化量⇒10分\\商品转化量＜商品平均转化量⇒\dfrac{商品转化量}{商品平均转化量}×10分\end{cases}$$

商品退单率得分=（1-商品退单率）×30分；

$$保修得分=\begin{cases}提供\Rightarrow10分\\不提供\Rightarrow0分\end{cases}$$

5.1.3　发布商品——商品下架

下架的商品不允许在系统的店铺内进行销售，买家和其他模拟公司都无法看到该商品的信息。处于下架状态的商品无法进行销售。

商品下架的操作步骤如下：

① 在系统左侧窗口的"经营流程"中，单击"推广"标签下的"商品发布"选项，如图5-4所示；

② 在右侧的窗口选中要下架的商品；

③ 单击窗口右上方的"下架"按钮即可。

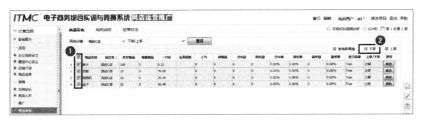

图5-4　商品下架的操作步骤

5.1.4　发布商品——商品上架

商品上架是指将商品发布在系统的店铺内进行销售，买家和其他模拟公司都可以看到该商品的信息。处于上架状态的商品可以进行销售。商品发布成功后默认处于上架状态。

商品上架的操作步骤如下：

① 在系统左侧窗口的"经营流程"中，单击"推广"标签下的"商品发布"选项，如图5-5所示；

② 在右侧的窗口选中要上架的商品；

③ 单击窗口右上方的"上架"按钮即可。

图5-5　商品上架的操作步骤

5.1.5 发布商品——商品修改

已经发布的商品在结束站外推广之前都可以进行信息的修改。

商品修改的操作步骤如下：

① 在系统左侧窗口的"经营流程"中，单击"推广"标签下的"商品发布"选项，如图5-6所示；

② 在右侧的窗口中单击要进行信息修改的商品后面的"修改"按钮；

③ 此时系统会弹出"发布新商品"对话框，在出现的"修改商品信息"对话框中按照需求进行修改后，单击"发布"按钮即可。

图5-6 商品修改的操作步骤

📖 **高手指津**

（1）发布商品时"一口价"的设置非常关键，首先要考虑数据魔方中的需求城市和市场平均价格，其次要考虑各类人群的市场价格上浮比例，再次要结合模拟企业的经营策略，最后还要分析竞争对手的价格。

（2）填写"商品数量"时要根据实际库存、到货期限、销售情况等考虑是否增加商品数量。

（3）"运费"一般选择"卖家承担运费"。

5.2 SEO优化

5.2.1 SEO的含义

搜索引擎优化（Search Engine Optimization，SEO）是利用搜索引擎的规则提高网站在有关搜索引擎内的自然排名的过程。因为是提高自然排名，所以SEO优化是免费的。在ITMC电子商务沙盘系统中，SEO优化是指通过优化自身商品的标题关键词尽可能匹配买家的搜索习惯，在买家搜索某个关键词系统展示与该关键词相关的商品时，使自身商品取得靠前的自然排名的过程，如图5-7所示。

SEO优化

图5-7　关键词匹配

5.2.2　SEO规则

① 设置的关键词是自然流量的关键；每个商品最多可设置7个关键词，关键词分别用分号隔开；如果所设关键词超过7个，则保存前7个；每个关键词字数不能超过10。

② SEO商品排名得分= SEO关键词排名得分×0.4+商品绩效得分×0.06，SEO商品排名得分高者排名前列。SEO关键词排名得分=关键词搜索相关性（数据魔方提供）×SEO关键词匹配方式得分。

例如，SEO关键词排名得分为"0"，则视为卖家设置的标题关键词与买家搜索的词不匹配，不能参加SEO排名。

③ SEO关键词匹配方式分为完全匹配、高度匹配、部分匹配。

当买家搜索的词与卖家设置的标题关键词完全相同时称为完全匹配；当买家搜索的词是卖家设置的标题关键词的子集时称为高度匹配；当买家搜索的词与卖家设置的标题关键词文字部分匹配时称为部分匹配。

当SEO关键词匹配方式为完全匹配时，SEO关键词匹配方式得分为1；当SEO关键词匹配方式为高度匹配时，SEO关键词匹配方式得分为0.5；当SEO关键词匹配方式为部分匹配时，SEO关键词匹配方式得分为0.2。

5.2.3　SEO优化步骤

SEO优化的操作步骤如下：

① 在系统左侧窗口的"经营流程"中，单击"推广"标签下的"SEO优化"选项；

② 在右侧的窗口中单击显示的商品列表后面的"SEO优化"按钮，如图5-8所示；

③ 在弹出的"SEO标题优化"对话框中，单击"我要淘词"按钮，如图5-9所示；

④ 在出现的"淘关键词"对话框的左侧选择商品种类，如图5-10所示；

⑤ 在对话框右侧的商品数据魔方中勾选要选择的关键词的复选框（关键词可按展现量、点击量、转化量等参数进行排序，在标题栏单击展现量、点击量、转化量等参数即可将关键词按照从高到低或从低到高的顺序排序）；

⑥ 单击"加入标题"按钮，最后单击"保存"按钮保存对关键词的设置，如图5-11所示。

图5-8　SEO优化的操作步骤1

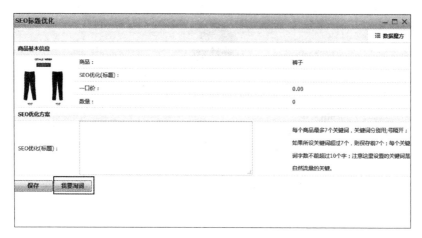

图5-9 SEO优化的操作步骤2

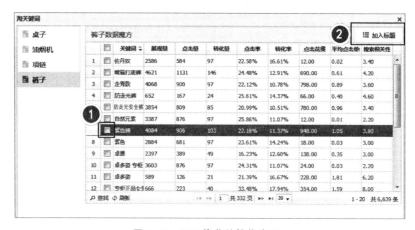

图5-10 SEO优化的操作步骤3

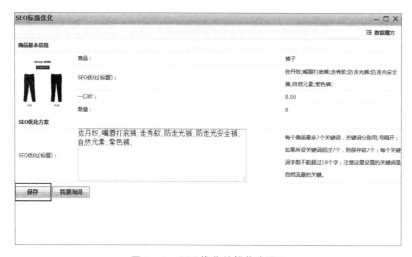

图5-11 SEO优化的操作步骤4

5.3　SEM推广

↘ 5.3.1　SEM的含义

SEM推广与管理

　　搜索引擎营销（Search Engine Marketing，SEM）就是根据用户使用搜索引擎的方式，利用用户检索信息的机会尽可能将营销信息传递给目标用户。简单地说，企业通过搜索引擎营销，可以让用户直接了解公司，争取实现交易。在ITMC电子商务沙盘系统中，SEM是指卖家对自己所销售商品的相关关键词出具一定的点击价格，在买家搜索其中某个关键词时，展示与该关键词相关的自身商品，并取得靠前的搜索排名。关键词的选取及出价将直接影响进店流量，进而影响商品销售。

↘ 5.3.2　SEM规则

1. 卖家在进行推广时需要制订推广计划

　　推广计划每期有一定的推广限额，每个卖家最多可以制订4个推广计划，且SEM推广账户余额为"0"则无法进行SEM推广，必须先充值才可以进行SEM推广。

2. SEM商品排名得分

　　SEM商品排名得分=质量分×竞价价格。

　　质量分=关键词搜索相关性（数据魔方提供）×0.4+商品绩效×0.06。

　　竞价价格指模拟企业为使商品取得靠前的排名而针对某个关键词所出的一次点击的价格。

3. SEM关键词匹配方式

　　SEM关键词匹配方式分为精确匹配、中心匹配、广泛匹配。匹配方式不同，关键词被搜索到的概率不同：精确匹配时，只有当买家搜索的词与卖家投放的关键词完全相同才能被搜索到；中心匹配时，当买家搜索的词是卖家投放的关键词的子集时也能被搜索到；广泛匹配时，买家搜索的词与卖家投放的关键词有一部分相同即可被搜索到。

4. 商品绩效得分

　　商品绩效得分=商品点击率得分+商品点击量得分+商品转化率得分+商品转化量得分+商品退单率得分+保修得分。

$$商品点击率得分=\begin{cases}商品点击率\geqslant商品平均点击率\Rightarrow20分\\商品点击率<商品平均点击率\Rightarrow\dfrac{商品点击率}{商品平均点击率}\times20分\end{cases};$$

$$商品点击量得分=\begin{cases}商品点击量\geqslant商品平均点击量\Rightarrow10分\\商品点击量<商品平均点击量\Rightarrow\dfrac{商品点击量}{商品平均点击量}\times10分\end{cases};$$

$$商品转化率得分=\begin{cases}商品转化率\geqslant商品平均转化率\Rightarrow20分\\商品转化率<商品平均转化率\Rightarrow\dfrac{商品转化率}{商品平均转化率}\times20分\end{cases};$$

$$商品转化量得分=\begin{cases}商品转化量\geqslant商品平均转化量\Rightarrow10分\\商品转化量<商品平均转化量\Rightarrow\dfrac{商品转化量}{商品平均转化量}\times10分\end{cases};$$

商品退单率得分＝（1-商品退单率）×30分；

$$保修得分=\begin{cases}提供\Rightarrow10分\\不提供\Rightarrow0分\end{cases}。$$

5.3.3 我要充值

SEM推广账户充值的操作步骤如下：

① 在系统左侧窗口的"经营流程"中，单击"推广"标签下的"SEM推广"选项，如图5-12所示；

② 在右侧窗口的左上方单击"我要充值"按钮；

③ 在出现的界面中输入要充值的金额，如图5-13所示；

④ 单击"充值"按钮即可。

图5-12 我要充值的操作步骤1

图5-13　我要充值的操作步骤2

↘ 5.3.4　我要提现

我要提现的操作步骤如下：

① 在系统左侧窗口的"经营流程"中，单击"推广"标签下的"SEM推广"选项，如图5-14所示；

② 在右侧窗口的左上方单击"我要提现"按钮；

③ 在出现的界面中输入要提现的金额，如图5-15所示；

④ 单击"我要提现"按钮即可。

图5-14　我要提现的操作步骤1

图5-15　我要提现的操作步骤2

↘ 5.3.5　新建SEM推广计划

新建SEM推广计划的操作步骤如下：

① 在系统左侧窗口的"经营流程"中，单击"推广"标签下的"SEM推广"选项，如图5-16所示；

图5-16　新建SEM推广计划的操作步骤1

②　在窗口的右上方单击"新建推广计划"按钮；

③　在弹出的"新推广计划"对话框中，输入"推广计划名称"和"每期限额"，如图5-17所示；

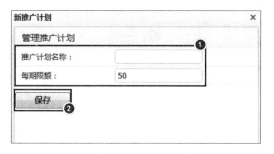

图5-17　新建SEM推广计划的操作步骤2

④　在"新推广计划"对话框中单击"保存"按钮，新建结果如图5-18所示。

图5-18　新建SEM推广计划结果展示

需要注意的是，这时仅仅是建立了一个推广计划，如"情人节""双11""双12"　推广计划，但是该推广计划里面并没有添加具体的商品。

在SEM推广计划中添加商品步骤如下：

①　在图5-16所示添加推广商品的推广计划上双击；

②　在出现的对话框中单击"我要推广"；

③　在出现的图5-19所示的"新建推广组"对话框中输入推广组名称、默认竞价，选择推广商品，设置好后单击"保存"按钮即可；

④　图5-20所示为建好的SEM推广计划。

图5-19 新建推广组

图5-20 建好的SEM推广计划结果显示

5.3.6 暂停推广计划

暂停SEM推广计划的操作步骤如下：

① 在系统左侧窗口的"经营流程"中，单击"推广"标签下的"SEM推广"选项；

② 在显示的推广计划列表中，勾选要暂停的推广计划前的复选框，如图5-21所示；

③ 在窗口的右上方单击"暂停推广计划"按钮。

图5-21 暂停SEM推广计划操作步骤

5.3.7 开始推广计划

开始SEM推广计划的操作步骤如下：

① 在系统左侧窗口的"经营流程"中，单击"推广"标签下的"SEM推广"选项；

② 在显示的推广计划列表中，勾选要开始的推广计划前的复选框，如图5-22所示；

③ 在窗口的右上方单击"开始推广计划"按钮。

图5-22　开始SEM推广计划结果显示

📖 **高手指津**

SEM商品排名得分前四名企业的商品有展现机会，只有前三名有成交机会，而SEM商品排名得分=质量分×竞价价格，因此要想有成交机会，模拟企业最好商品质量分和竞价价格都比较高，以取得一个靠前的排名，如果质量分低，只能提高竞价价格才有成交机会，导致模拟企业的推广成本增加。质量分=关键词搜索相关性（数据魔方提供）×0.4+商品绩效×0.06，要想提升质量分，只能提升商品绩效，也就是要提升商品的流量指标，流量指标的好坏又取决于商品销售情况的好坏。因此，在运营一开始就要高度重视SEM关键词和竞价价格的设置。

5.4 SEM管理

5.4.1 我要推广

我要推广的操作步骤如下：

① 在系统左侧窗口的"经营流程"中，单击"推广"标签下的"SEM管理"选项，如图5-23所示；

图5-23　我要推广的操作步骤1

② 在窗口的右上方单击"我要推广"按钮；

③ 在弹出的"新建推广组"对话框中，输入"推广组名称""默认竞价""推广商品"和"推广计划"等信息，如图5-24所示；

图5-24 我要推广的操作步骤2

④ 在"新建推广组"对话框中单击"保存"按钮；

⑤ 在出现的"淘词"对话框中，选择要进行推广的关键词，如图5-25所示；

	关键词	展现量	点击量	转化量	点击率	转化率	点击花费	平均点击单价	搜索相关性
1	佐丹奴	2586	584	97	22.58%	16.61%	12.00	0.02	3.40
2	喇叭打底裤	4621	1131	146	24.48%	12.91%	690.00	0.61	4.20
3	走秀款	4068	900	97	22.12%	10.78%	798.00	0.89	3.60
4	防走光裤	652	167	24	25.61%	14.37%	66.00	0.40	4.60
5	防走光安全裤	3854	809	85	20.99%	10.51%	780.00	0.96	3.40
6	自然元素	3387	876	97	25.86%	11.07%	12.00	0.01	2.20
7	紫色裤	4084	906	103	22.18%	11.37%	948.00	1.05	3.80
8	紫色	2884	681	97	23.61%	14.24%	18.00	0.03	3.00
9	卓雅	2397	389	49	16.23%	12.60%	138.00	0.35	3.00
10	卓多姿 专柜 正品	3603	876	97	24.31%	11.07%	24.00	0.03	2.20
11	卓多姿	589	126	21	21.39%	16.67%	228.00	1.81	6.20
12	专柜正品女裤	666	223	40	33.48%	17.94%	354.00	1.59	3.40

图5-25 我要推广的操作步骤3

⑥ 单击"加入推广"按钮即可，设置结果如图5-26所示。

管理推广关键词

商品基本信息

商品： 裤子
SEO关键词： 佐丹奴;喇叭打底裤;走秀款;自然元素;紫色裤;
一口价： 0.00
数量： 0

关键词管理

	关键词	竞价	匹配方式	质量分	展现量	点击量	转化量	点击率	转化率	点击花费	平均点击单	销售额	投入产出比	操作
1	佐丹奴	0.05	精确匹配	3	0	0	0	0.00%	0.00%	0.00	0.00	0.00		修改
2	喇叭打底裤	0.61	精确匹配	3	0	0	0	0.00%	0.00%	0.00	0.00	0.00		修改
3	走秀款	0.89	精确匹配	3	0	0	0	0.00%	0.00%	0.00	0.00	0.00		修改
4	防走光裤	0.40	精确匹配	3	0	0	0	0.00%	0.00%	0.00	0.00	0.00		修改
5	防走光安全裤	0.96	精确匹配	3	0	0	0	0.00%	0.00%	0.00	0.00	0.00		修改
6	自然元素	0.05	精确匹配	3	0	0	0	0.00%	0.00%	0.00	0.00	0.00		修改
7	紫色裤	1.05	精确匹配	3	0	0	0	0.00%	0.00%	0.00	0.00	0.00		修改
8	紫色	0.05	精确匹配	3	0	0	0	0.00%	0.00%	0.00	0.00	0.00		修改
9	卓雅	0.35	精确匹配	3	0	0	0	0.00%	0.00%	0.00	0.00	0.00		修改
10	卓多姿 专柜	0.05	精确匹配	3	0	0	0	0.00%	0.00%	0.00	0.00	0.00		修改
11	卓多姿	1.81	精确匹配	4	0	0	0	0.00%	0.00%	0.00	0.00	0.00		修改

图5-26 我要推广的结果显示

↘ 5.4.2 暂停推广组

暂停推广组的操作步骤如下：

① 在系统左侧窗口的"经营流程"中，单击"推广"标签下的"SEM管理"选项；

② 在右侧窗口会显示系统已添加的推广组，勾选要暂停的推广组前面的复选框，如图5-27所示；

③ 在窗口的右上方单击"暂停推广组"按钮。

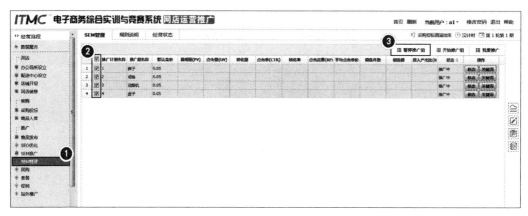

图5-27 暂停推广组的操作步骤

↘ 5.4.3 开始推广组

开始推广组的操作步骤如下：

① 在系统左侧窗口的"经营流程"中，单击"推广"标签下的"SEM管理"选项；

② 在右侧窗口会显示系统已添加的推广组，勾选要开始的推广组前面的复选框，如图5-28所示；

③ 在窗口的右上方单击"开始推广组"按钮。

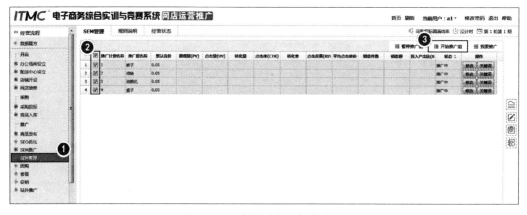

图5-28 开始推广组的操作步骤

5.5　团购

5.5.1　团购的含义

团购是指模拟企业根据经营需求针对某种商品组织的团购活动，用来满足犹豫不定人群的购买需求，以期增加店铺人气和商品人气。

团购

5.5.2　团购规则

① 买家要支付的团购价格=商品价格×团购折扣。

② 买家享受的折扣额按照卖家填写的折扣数值计算，比如就卖家填写"8"买家即可享受八折。

5.5.3　团购——添加

添加团购的操作步骤如下：

① 在系统左侧窗口的"经营流程"中，单击"推广"标签下的"团购"选项，如图5-29所示；

② 在窗口的右上方单击"添加"按钮；

③ 在弹出的"添加新团购"对话框中，输入"团购名称""团购的商品""团购折扣""最少购买数量"和"商家编码"，如图5-30所示；

④ 在"添加新团购"对话框中单击"保存"按钮，添加团购的结果如图5-31所示。

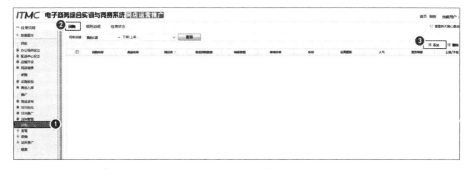

图5-29　添加团购的操作步骤1

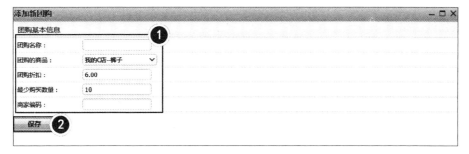

图5-30　添加团购的操作步骤2

图5-31　添加团购的结果显示

↘ 5.5.4　团购——删除

删除团购的操作步骤如下：

① 在系统左侧窗口的"经营流程"中，单击"推广"标签下的"团购"选项；

② 在右侧窗口会显示系统添加过的团购信息，勾选要删除的团购信息前面的复选框，如图5-32所示；

③ 单击窗口右上方"删除"按钮。

图5-32　删除团购的操作步骤

↘ 5.5.5　团购——下架

下架团购的操作步骤如下：

① 在系统左侧窗口的"经营流程"中，单击"推广"标签下的"团购"选项；

② 在右侧窗口会显示系统添加过的团购信息，勾选要下架的团购信息前面的复选框，如图5-33所示；

③ 单击窗口右上方的"下架"按钮。

图5-33　下架团购的操作步骤

↘ 5.5.6　团购——上架

上架团购的操作步骤如下：

① 在系统左侧窗口的"经营流程"中，单击"推广"标签下的"团购"选项；

② 在右侧窗口会显示系统添加过的团购信息，勾选要上架的团购信息前面的复选框，如图5-34所示；

③ 单击窗口右上方的"上架"按钮。

图5-34　上架团购的操作步骤

5.6 套餐

5.6.1　套餐的含义

套餐是指模拟企业根据经营需求，对多种商品组合搭配进行销售，用来吸引买家抢购，增加店铺人气和商品人气。

5.6.2　套餐的规则

1. 套餐搭配

套餐可组合多种商品搭配出售，套餐价格等于套餐内所有商品的单价的总和。套餐内商品的单价由卖家制订，但是套餐内除用于引流的进入商品外，其余套餐内商品不能高于当地商品一口价，即引流的商品　口价+物流运费＞套餐内引流的商品单价+套餐物流运费。

例如，卖家正常购买A商品一口价为5，物流运费为2，卖家提供的套餐中商品A单价是4，商品B单价3，套餐物流运费为2，某买家欲购买商品A，则商品A为引流商品。系统会执行2个判定，判定1：买家正常购买一件商品A总共花费5+2=7；购买卖家提供的套餐商品A的花费4+2=6；如果7＞6，则判定1成功；否则判定失败，买家则放弃购买套餐。判定2：判定1成功后系统会判定B商品是否低于当地商品一口价，如果高于，则判定失败，买家会放弃购买套餐；否则判定成功，买家购买套餐。

2. 套餐数量

在添加套餐时，套餐数量设置不受实际库存限制，可根据实际经营情况进行"套餐件数"的填写。

3. 套餐获得的人气

套餐商品只生成一个订单。一个套餐订单模拟企业可获得店铺人气2、商品人气2。

4. 套餐适用人群

套餐适用于所有人群。

5.6.3　添加新套餐

添加新套餐的操作步骤如下：

① 在系统左侧窗口的"经营流程"中，单击"推广"标签下的"套餐"选项，如图5-35所示；

② 在窗口的右上方单击"添加新套餐"按钮；

③ 在弹出的"添加新套餐"对话框中，单击图5-36所示的"添加"按钮，添加套餐中的商品；

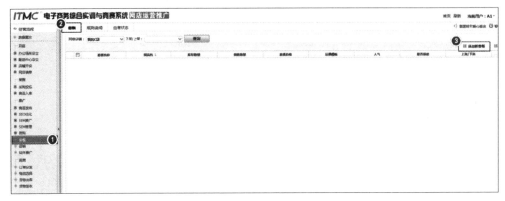

图5-35　添加新套餐的操作步骤1

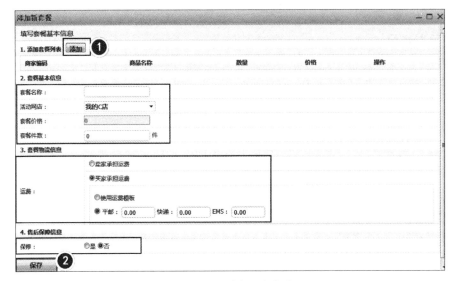

图5-36　添加新套餐的操作步骤2

④ 输入"套餐基本信息""套餐物流信息""售后保障信息"等信息；

⑤ 单击"保存"按钮，添加结果如图5-37所示。

图5-37　添加新套餐结果显示

↘ 5.6.4　套餐——下架

套餐下架的操作步骤如下：

① 在系统左侧窗口的"经营流程"中，单击"推广"标签下的"套餐"选项；

② 在右侧窗口会显示系统添加过的套餐信息，勾选要下架套餐前面的复选框，如图5-38所示；

③ 单击窗口右上方的"下架"按钮。

图5-38　套餐下架的操作步骤

5.6.5　套餐——上架

套餐上架的操作步骤如下：

① 在系统左侧窗口的"经营流程"中，单击"推广"标签下的"套餐"选项；

② 在右侧窗口会显示系统添加过的套餐信息，勾选要上架套餐前面的复选框，如图5-39所示；

③ 单击窗口右上方的"上架"按钮。

图5-39　套餐上架的操作步骤

5.7　促销

5.7.1　促销的含义

促销是指模拟企业根据经营需求，对某种或某几种商品进行满就送促销、多买折扣促销、买第几件折扣促销等活动，用来吸引买家抢购，增加店铺人气和商品人气。

促销

📋 **经典案例**

　　日本松户市原市长松本清，是日本企业家、政治家。他经营"创意药局"的时候，曾将当时售价200日元的膏药以80日元卖出。由于80日元的价格实在太便宜了，所以"创意药局"连日生意兴隆，门庭若市。他的这种做法不但弥补了膏药的亏损，同时也使整个药局的经营出现了前所未有的盈余。那么，他这样做的秘密在哪里呢？原来，前来购买膏药的人，几乎都会顺便买些其他药品。这种"明亏暗赚"的创意，降低一种商品的价格，不仅吸引了顾客，而且大大提高了知名度，有名有利，真是一举两得的创意！

5.7.2　促销的规则

1. 促销获得的人气

一条促销订单模拟企业可获得店铺人气2、商品人气2。

2. 促销适用人群

促销适用于所有购买人群。

5.7.3 满就送促销

满就送促销是指订单类型为正常购买（订单类型分为正常购买、团购、套餐等类型）时的成交总金额达到设定的金额时买家可享受返现金的优惠活动。模拟企业可以根据经营需求设定活动范围，选择参加活动的商品。当正常购买的成交总金额大于等于设定的金额时，成交总金额（包邮）=商品价格×商品件数-总优惠额，或成交总金额（不包邮）=商品一口价×商品件数+正常购买时总物流运费-总优惠额。

满就送促销的操作步骤如下：

① 在系统左侧窗口的"经营流程"中，单击"推广"标签下的"促销"选项，如图5-40所示；

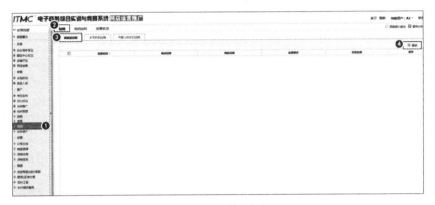

图5-40 满就送促销的操作步骤1

② 单击"满就送促销"标签，然后在窗口的右上方单击"添加"按钮；

③ 在弹出的"添加促销信息"对话框中，填写"促销名称""活动限制""商品范围""金额要求""优惠金额"等信息，如图5-41所示；

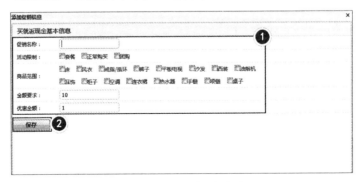

图5-41 满就送促销的操作步骤2

④ 单击"保存"按钮，设置结果如图5-42所示。

图5-42　满就送促销结果显示

5.7.4　多买折扣促销

多买折扣促销是指买家一次性正常购买数量达到设定数量，成交总金额全部享受促销活动按折扣后金额付款。享受折扣额按照卖家填写折扣数值享受，如填写"8"，买家就享受八折。包邮时，成交总金额（包邮）＝商品价格×商品件数×折扣数值×0.1；不包邮时，成交总金额（不包邮）＝（商品一口价×商品件数＋正常购买时总物流运费）×折扣数值×0.1。

多买折扣促销的操作步骤如下：

① 在系统左侧窗口的"经营流程"中，单击"推广"标签下的"促销"选项，如图5-43所示；

② 在右侧窗口单击"多买折扣促销"标签，然后在窗口的右上方单击"添加"按钮，如图5-43所示；

图5-43　多买折扣促销的操作步骤1

③ 在弹出的"添加促销信息"对话框中，填写"促销名称""活动限制""商品范围""购买最少件数""享受折扣"，如图5-44所示；

④ 单击"保存"按钮。

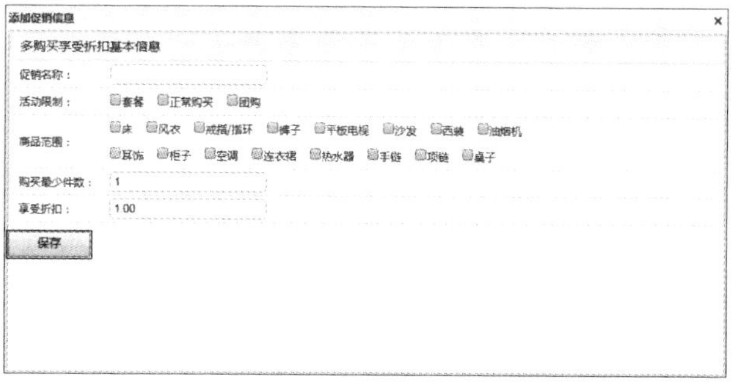

图5-44　多买折扣促销的操作步骤2

↘ 5.7.5　买第几件折扣促销

买第几件折扣促销是指设定一个第几件折扣数，当购买的商品数量达到这个数量时，本件商品即享受优惠折扣，下一件商品再重新计数，以此类推。折扣额直接填写折扣数，如八折就填写"8"。此时，成交总金额＝商品价格×商品件数－单个优惠金额×优惠商品数量；单个优惠金额＝商品价格×（1－折扣数值×0.1）；优惠商品数量（向下取整）＝（商品件数／第几件折扣数）。

买第几件折扣促销的操作步骤如下：

① 在系统左侧窗口的"经营流程"中，单击"推广"标签下的"促销"选项，如图5-45所示；

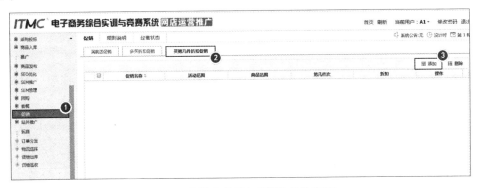

图5-45　买第几件折扣促销的操作步骤1

② 在右侧窗口单击"买第几件折扣促销"标签，然后在窗口的右上方单击"添加"按钮；

③ 在弹出的"添加促销信息"对话框中，填写"促销名称""活动限制""商品范围""享受折扣"等，如图5-46所示；

④ 单击"保存"按钮。

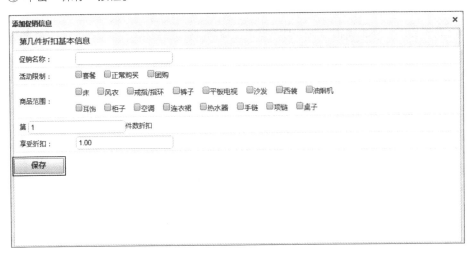

图5-46　买第几件折扣促销的操作步骤2

5.8 站外推广

↘ 5.8.1 站外推广的含义

站外推广是指根据模拟企业的经营需求对已经筹建完成的B店发布的商品在系统中选择央视、网络广告联盟、百度三种媒体中的一种或多种进行推广，用来吸引品牌人群的购买需求，增加店铺人气及商品人气。

需要注意的是B店可通过站外推广获得流量，而C店不可进行站外推广；站外推广只能吸引品牌人群的购买需求，品牌人群在第三轮第二期才出现。

↘ 5.8.2 站外推广媒体基本信息

站外推广的媒体有央视、网络广告联盟和百度，具体参数信息见表5-1。其中，影响力是指一种商品在某个媒体的推广下获得的影响力。

表5-1 站外推广媒体基本信息

媒 体	媒 体 时 段	影 响 力	得到关系值	最低投放额度
百度	排名第一	20	5	5
百度	排名第二	18	9	5
百度	排名第三	15	8	5
百度	排名第四	13	7	5
百度	排名第五	11	6	5
百度	排名第六	10	5	5
百度	排名第七	9	4	5
百度	排名第八	7	3	5
百度	排名第九	6	3	5
百度	排名第十	5	3	5
网络广告联盟	微博	7	4	5
网络广告联盟	微信	8	4	5
网络广告联盟	论坛	6	4	5
央视	黄金时段	40	2	5
央视	午间时段	12	10	5
央视	晚间时段	6	8	5
单期合计		193	85	

5.8.3 站外推广——添加

添加站外推广的操作步骤如下：

① 在系统左侧窗口的"经营流程"中，单击"推广"标签下的"站外推广"选项，如图5-47所示；

图5-47 添加站外推广的操作步骤1

② 在窗口的右上方单击"添加"按钮（注意：B店开设成功后才可单击）；

③ 在弹出的"站外推广"对话框中，填写"推广商品""推广方式""投标价格"，如图5-48所示；

图5-48 添加站外推广的操作步骤2

④ 单击"保存"按钮即可，添加结果如图5-49所示。

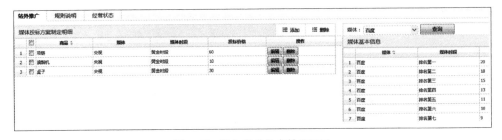

图5-49 添加站外推广结果显示

5.8.4　站外推广——删除

删除站外推广的操作步骤如下：

① 在系统左侧窗口的"经营流程"中，单击"推广"标签下的"站外推广"选项；

② 在右侧窗口会显示系统添加过的站外推广信息，勾选要删除的站外推广前面的复选框，单击窗口右上方的"删除"按钮即可，如图5-50所示。

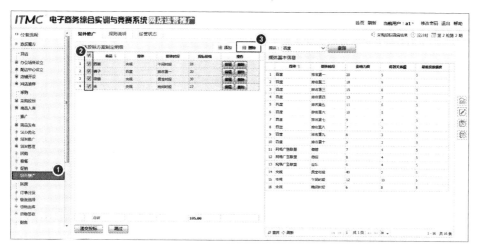

图5-50　删除站外推广的操作步骤

5.8.5　站外推广——递交投标

递交站外推广投标方案的操作步骤如下：

① 在系统左侧窗口的"经营流程"中，单击"推广"标签下的"站外推广"选项，如图5-51所示；

图5-51　递交站外推广投标方案的操作步骤1

② 在右侧窗口的下方单击"递交投标"按钮；

③ 在弹出的"确认"对话框中，单击 "确定"按钮，如图5-52所示。

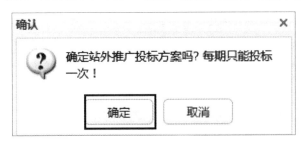

图5-52　递交站外推广投标方案的操作步骤2

注意：模拟企业只有成功开设B店后才能成功递交站外推广方案。

5.8.6　站外推广——跳过

因品牌人群的需求在第三轮第二期才出现，因此前面无须做站外推广，此时可选择跳过站外推广。跳过站外推广的操作步骤如下：

① 在系统左侧窗口的"经营流程"中，单击"推广"标签下的"站外推广"选项，如图5-53所示；

图5-53　跳过站外推广投标方案的操作步骤1

② 在右侧窗口的下方单击"跳过"按钮；

③ 在弹出的"确认"对话框中，单击 "确定"按钮，如图5-54所示。

注意：从结束采购开始，到结束站外推广，需在系统规定的时间内完成所有操作，在操作时要注意系统右上角的倒计时，尽量在规定的时间完成这一阶段的所有操作。

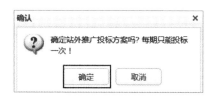

图5-54　跳过站外推广投标方案的操作步骤2

📖 **高手指津**

　　系统在第三轮第二期运营中品牌人群需求开始出现，品牌人群需求只与是否开展站外推广有关，与SEO、SEM无关。因此，要想获取品牌人群订单，模拟企业必须进行站外推广。

5.9　各类人群成交规则

　　ITMC电子商务沙盘把买家分为品牌人群、低价人群、综合人群和犹豫不定人群四大类。一般情况下，订单的成交顺序为：品牌人群≥低价人群≥综合人群≥犹豫不定人群。

5.9.1　品牌人群成交规则

　　系统通过媒体影响力、商品一口价、商品评价及城市影响力计算出品牌人群成交指数，根据买家对物流方式、发票、售后服务的要求确定具备成交资格的卖家，从而计算出每个具备成交资格的卖家的品牌人群成交百分比（即卖家在订单交易过程中获得订单的概率），系统根据品牌人群成交百分比确定成交卖家。

　　品牌人群成交百分比＝品牌人群成交指数÷符合要求的店铺的品牌人群成交指数之和。

　　品牌人群成交指数＝（媒体影响力÷市场总媒体影响力）×60+商品均价÷（商品一口价+商品均价）×10+商品评价÷符合要求的卖家商品评价×20+城市影响力÷符合要求的卖家城市影响力×10。

　　商品评价=所有订单商品评价之和÷订单总数量。（每张订单正常交货获得商品评价5，发货拒收违约4，未发货违约3）

　　城市影响力：模拟企业在该城市每交货一次城市影响力加1。

　　卖家若想具备成交资格，必须做站外推广，卖家商品必须为B店的商品，卖家企业信誉度不能为负数，必须支持买家对物流方式、售后服务的要求；有概率为15%的买家需要售后服务；品牌人群流量来源仅为站外媒体引流。

5.9.2　低价人群成交规则

　　系统根据低价人群对物流方式、售后服务的要求确定具备成交资格的卖家，再根据商品价格最低顺序决定成交的卖家，若商品价格相同，则继续按照以下顺序依次判断是否成交：①媒体影响力；②综合评价指数；③店铺视觉值；④店铺总媒体影响力；⑤社会慈善。

系统卖家若想具备成交资格，必须支持买家对物流方式、售后服务的要求；有概率为15%的买家需要售后服务。

5.9.3 综合人群成交规则

系统通过综合评价指标、商品一口价、商品评价及城市影响力计算出综合人群成交指数，根据买家对物流方式、售后服务的要求确定具备成交资格的卖家，从而计算出每个具备成交资格的卖家的综合人群成交百分比（即卖家在订单交易过程中获得订单的概率），系统再根据综合人群成交百分比确定成交的卖家。

综合人群成交百分比=综合人群成交指数÷符合要求的店铺的综合人群成交指数之和。

综合人群成交指数=（综合评价指数÷整个市场综合评价指数之和）×60+商品均价÷（商品一口价+商品均价）×10+商品评价÷符合要求的卖家商品评价之和×20+城市影响力÷符合要求的卖家城市影响力之和×10。

卖家若想具备成交资格，卖家企业信誉度不能为负数；必须支持买家对物流方式、售后服务的要求；有概率为15%的买家需要售后服务。

5.9.4 犹豫不定人群成交规则

犹豫不定人群分团购、促销等需求，按团购、促销的顺序独立判断成交的卖家。

实训任务单

1．分析数据魔方提供的数据，把系统中涉及商品拟设置的SEO关键词填入表5-2。

表5-2 SEO关键词设置

商品名称	SEO关键词
油烟机	
桌子	
项链	
裤子	
床	
平板电视	
西装	
手链	
柜子	
热水器	
连衣裙	
戒指/指环	
空调	

2．SEM推广是付费推广，需要提前进行规划，请根据规划填写表5-3。

表 5-3　SEM 推广规划

推广计划名称	包含商品	每期限额
合计		

3．为了满足品牌人群需求，模拟企业需要提前对站外推广进行规划，请根据规划填写表5-4。

表 5-4　站外推广规划

推广商品	推广方式	投标价格
合计		

4．根据推广的步骤和实际现金收支情况进行表5-5的填写。

表 5-5　"网店运营—推广篇"现金流量表

序号	项目	具体开支目录	资金流向	金额	合计
1	SEM 推广	推广保证金（充值）	-/+		
2	站外推广	媒体投标费用	-		
3	融资情况	短期贷款	+		
		民间融资	+		
		长期贷款	+		
合计					

CHAPTER

06
第6章
经营流程——运营篇

▌学习目标

（1）了解订单分发、物流选择、货物出库、货物签收的含义；

（2）能够结合企业实际情况选择合适的物流方式；

（3）能够根据节省物流成本原则选择合适的出库仓库；

（4）培养敬业爱岗、诚实守信的职业精神。

经典案例

京东集团2007年开始自建物流，2017年4月正式成立京东物流集团（以下简称京东物流）。京东物流是中国领先的技术驱动的供应链解决方案及物流服务商，以"技术驱动，引领全球高效流通和可持续发展"为使命，致力于成为全球值得信赖的供应链基础设施服务商。京东物流主要聚焦于快消、服装、家电家具、3C、汽车、生鲜六大行业，为客户提供一体化供应链解决方案和物流服务，帮助客户优化存货管理、减少运营成本、高效分配内部资源，实现新的增长。截至2023年3月31日，京东物流运营约1500个仓库，含云仓生态平台的管理面积在内，京东物流仓储总面积超过3100万平方米。

结束站外推广后，系统会根据各家模拟企业的商品发布情况和推广方案情况进行订单的分发，生成各家模拟企业的订单信息，模拟公司就可以进入运营阶段了。运营主要包括订单分发、物流选择、货物出库和货物签收四个模块。

6.1 订单分发

模拟企业在本模块可以进行订单统计、配送中心信息、订单分发、分批自动分发、全部自动分发的操作与查询。

订单分发

6.1.1 订单分发的含义

订单分发是指模拟企业将订单进行整理、分类后，根据到达城市，选择适当的配送中心准备出库的过程。

6.1.2 订单分发的规则

订单分发分为手动分发和自动分发两种：手动分发需要操作者为每张订单选择货物出库的配送中心；自动分发则按照订单的顺序，根据配送中心已设定好的配送范围内的城市，自动选择货物出库的配送中心。自动分发可以选择全部自动分发或者分批自动分发。

6.1.3 订单统计

查看订单统计结果的操作步骤如下：

① 在系统左侧窗口的"经营流程"中，单击"运营"标签下的"订单分发"选项，如图6-1所示；

图6-1 查看订单统计的操作步骤

② 在窗口左上方单击"订单分发"标签；

③ 单击窗口右上方的"订单统计"按钮，系统弹出"订单统计信息"对话框，如图6-2所示。

订单统计信息

轮： □ 期： □   查询

	商品名	城市名称	合计数量	平均价格	合计金额
1	桌子	北京	45	30.00	1350.00
2	油烟机	北京	15	30.00	450.00
3	桌子	沈阳	20	30.00	600.00
4	油烟机	沈阳	10	30.00	300.00
		合计	90		2700.00

图6-2 订单统计信息的显示结果

📖 **高手指津**

在"订单统计"下看到的订单都是按照不同商品合计统计显示出的每种商品的订单汇总。

6.1.4 配送中心信息

查看配送中心信息的操作步骤如下：

① 在系统左侧窗口的"经营流程"中，单击"运营"标签下的"订单分发"选项，如图6-3所示；

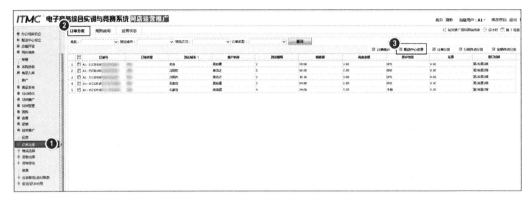

图6-3 查看配送中心信息的操作步骤

② 在窗口左上方单击"订单分发"标签，单击窗口右上方的"配送中心信息"按钮；

③ 系统会弹出"查看配送中心信息"对话框，如图6-4所示。

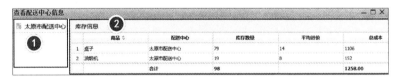

图6-4 配送中心信息显示结果

📖 **高手指津**

图6-4的配送中心信息显示结果中，标记1的位置为模拟企业建立的配送中心的列表，目前该模拟企业只创建了一个配送中心，即太原市配送中心；标记2的位置为左侧所选配送中心的库存信息列表。

6.1.5 订单分发

订单分发的操作步骤如下：

① 在系统左侧窗口的"经营流程"中，单击"运营"标签下的"订单分发"选项，如图6-5所示；

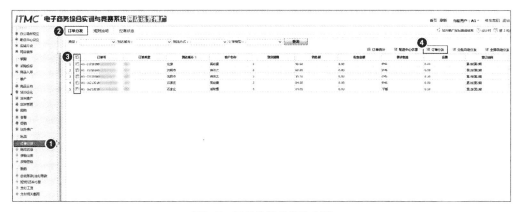

图6-5 订单分发的操作步骤

② 在窗口左上方单击"订单分发"标签；

③ 在右侧窗口会显示出待分发的订单，勾选要分发的订单前面的复选框即可选中该订单，也可勾选该列表最上方的复选框选中所有订单；

④ 单击右上方的"订单分发"按钮，即可完成操作。

6.1.6 分批自动分发

设置分批自动分发的操作步骤如下：

① 在系统左侧窗口的"经营流程"中，单击"运营"标签下的"订单分发"选项，如图6-6所示；

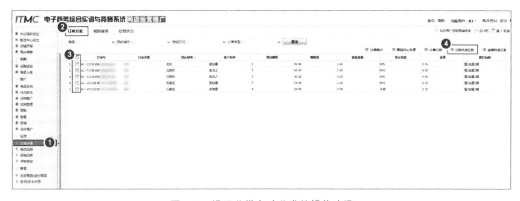

图6-6 设置分批自动分发的操作步骤

② 在窗口左上方单击"订单分发"标签；

③ 在右侧窗口显示出的待分发订单中勾选要分发的订单前面的复选框；

④ 单击右上方的"分批自动分发"按钮；

⑤ 在系统弹出的处理成功对话框上单击"确定"按钮，如图6-7所示。

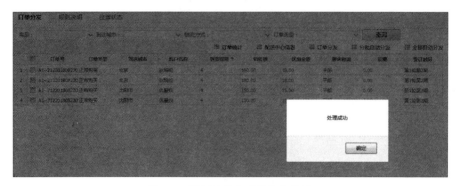

图6-7　设置分批自动分发的结果

6.1.7　全部自动分发

设置全部自动分发的操作步骤如下：

① 在系统左侧窗口的"经营流程"中，单击"运营"标签下的"订单分发"选项，如图6-8所示；

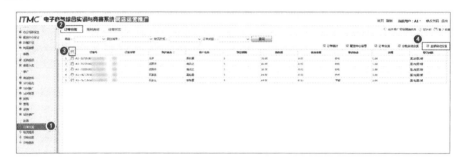

图6-8　设置全部自动分发的操作步骤

② 在窗口左上方单击"订单分发"标签；

③ 在右侧窗口显示出系统分发的订单，勾选最上方的复选框勾，选中所有订单；

④ 单击右上方的"全部自动分发"按钮；

⑤ 在系统弹出的处理成功对话框上单击"确定"按钮，如图6-9所示。

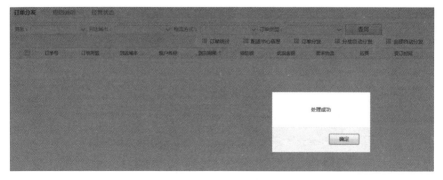

图6-9　设置全部自动分发的结果

6.2　物流选择

对已经分发完毕的订单可以进行物流方式的分配和选择，模拟企业可以进行订单统计、配送中心信息、安排物流、分批自动安排、全部自动安排等的查询和操作。

物流选择

6.2.1　物流选择的含义

物流选择是指模拟企业将已经指定配送中心的订单进行整理、分类，选择适当的物流方式准备出库的过程。

6.2.2　物流选择的规则

1. 物流运输方式

物流的运输方式主要有快递、EMS和平邮三种。在ITMC电子商务沙盘中，若物流运输方式选择快递，则运输周期为2期，即本期发货，下期到达；若选择EMS，则运输周期为3期，即本期发货，隔一期到达；若选择平邮，则运输周期为4期，即本期发货，隔二期到达。

2. 物流方式选择

物流方式选择分为手动安排和自动安排两种：手动安排需要运营者为每张订单手动选择运输货物的物流方式，自动安排将按照配送中心已设定好的物流方式自动安排物流方式。自动安排可以选择全部自动安排或分批自动安排。

选择同种物流方式达到一定的数量和金额可以享受优惠。

6.2.3　订单统计

在"物流选择"模块下查看订单统计的操作步骤如下：

① 在系统左侧窗口的"经营流程"中，单击"运营"标签下的"物流选择"选项，如图6-10所示；

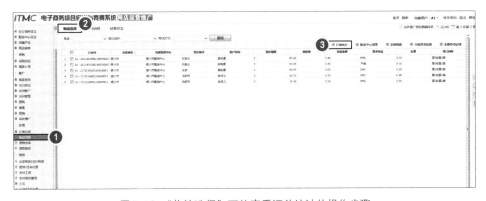

图6-10　"物流选择"下的查看订单统计的操作步骤

② 在窗口左上方单击"物流选择"标签；

③ 单击窗口右上方的"订单统计"按钮，系统弹出"订单统计信息"对话框，如图6-11所示。

图6-11 "物流选择"下的订单统计信息显示结果

6.2.4 配送中心信息

在"物流选择"模块下查询配送中心信息的操作步骤如下：

① 在系统左侧窗口的经营流程中，单击"运营"标签下的"物流选择"选项，如图6-12所示；

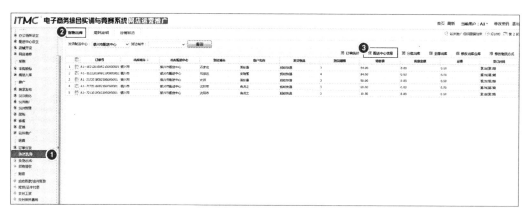

图6-12 查询配送中心信息的操作步骤

② 在窗口左上方单击"货物出库"标签；

③ 单击窗口右上方的"配送中心信息"按钮，系统弹出"查看配送中心信息"对话框，如图6-13所示。

查看配送中心信息　　　　　　　　　　　　　　　　　　　　　　— □ ✕

太原市配送中心　库存信息

	商品	配送中心	库存数量	平均进价	总成本
1	桌子	太原市配送中心	79	14	1106
2	油烟机	太原市配送中心	19	8	152
		合计	98		1258.00

图6-13　"物流选择"下的配送中心信息显示结果

6.2.5　安排物流

安排物流的操作步骤如下：

① 在系统左侧窗口的"经营流程"中，单击"运营"标签下的"物流选择"选项，如图6-14所示；

② 在窗口左上方单击"物流选择"标签；

③ 在右侧窗口会显示出待配送的订单，勾选要配送的订单前面的复选框，即可选中该订单，也可勾选最上方的复选框，选中所有订单；

④ 单击右上方的"安排物流"按钮。

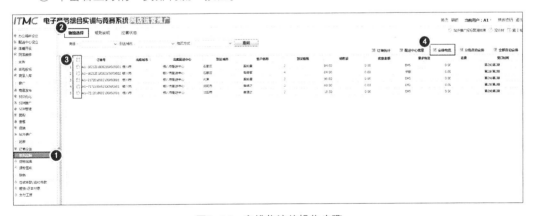

图6-14　安排物流的操作步骤

6.2.6　分批自动安排

设置分批自动安排的操作步骤如下：

① 在系统左侧窗口的"经营流程"中，单击"运营"标签下的"物流选择"选项，如图6-15所示；

② 在窗口左上方单击"物流选择"标签；

③ 在右侧窗口显示出可进行物流选择的订单，勾选要设置分批自动安排的订单前面的复选框；

④ 单击右上方的"分批自动安排"按钮，即可完成操作。

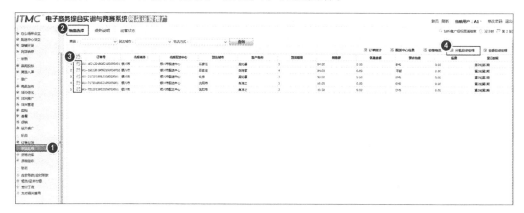

图6-15　设置分批自动安排的操作步骤

6.2.7　全部自动安排

设置全部自动安排的操作步骤如下：

① 在系统左侧窗口的"经营流程"中，单击"运营"标签下的"物流选择"选项，如图6-16所示；

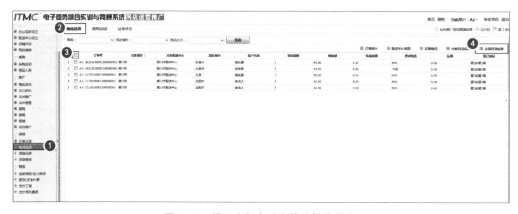

图6-16　设置全部自动安排的操作步骤

② 在窗口左上方单击"物流选择"标签；

③ 在右侧窗口会显示出待分发的订单，勾选最上方的复选框，选中所有订单；

④ 单击右上方的"全部自动安排"按钮，即可完成操作。

6.3　货物出库

模拟企业可以对已经设置好物流方式的订单进行出库操作，在货物出库页面可以进行订单

统计、配送中心信息、分批出库、全部出库、修改出库仓库、修改物流方式
等的查询和操作。

货物出库

6.3.1　货物出库的含义

货物出库是指模拟企业根据订单的到货期限，合理安排商品出库的过程。

6.3.2　货物出库的规则

货物出库时，系统会按照物流路线信息自动支付物流公司实际运费；如果当前配送中心库
存不足，可以进行库存调拨。

6.3.3　订单统计

在"货物出库"模块下查询订单统计的操作步骤如下：

①　在系统左侧窗口的"经营流程"中，单击"运营"标签下的"货物出库"选项，如
图6-17所示；

②　在窗口左上方单击"货物出库"标签；

③　单击窗口右上方的"订单统计"按钮，系统会弹出"订单统计信息"对话框。

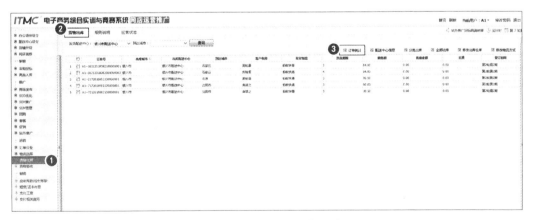

图6-17　查询订单统计的操作步骤

6.3.4　配送中心信息

在"货物出库"模块下查询配送中心信息的操作步骤如下：

①　在系统左侧窗口的"经营流程"中，单击"运营"标签下的"货物出库"选项，如
图6-18所示；

②　在窗口左上方单击"货物出库"标签；

③　单击窗口右上方的"配送中心信息"按钮，系统会弹出"查看配送中心"对话框。

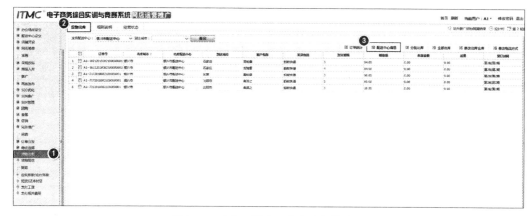

图6-18 查询配送中心信息的操作步骤

6.3.5 分批出库

在"货物出库"模块下进行分批出库的操作步骤如下：

① 在系统左侧窗口的"经营流程"中，单击"运营"标签下的"货物出库"选项，如图6-19所示；

② 在窗口左上方单击"货物出库"标签；

③ 在右侧窗口会显示出可进行分批出库的订单，选中要分批出库的订单前面的复选框；

④ 单击右上方的"分批出库"按钮，即可完成操作。

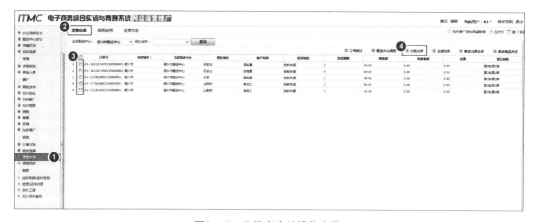

图6-19 分批出库的操作步骤

6.3.6 全部出库

在"货物出库"模块下设置全部出库的操作步骤如下：

① 在系统左侧窗口的"经营流程"中，单击"运营"标签下的"货物出库"选项，如图6-20所示；

② 在窗口的左上方单击"货物出库"标签；

③ 在右侧窗口会显示出要出库的订单，勾选最上方的复选框即可选中所有订单；

④ 单击右上方的"全部出库"按钮，即可完成操作。

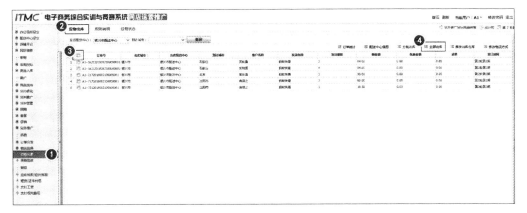

图6-20　全部出库的操作步骤

6.3.7　修改出库仓库

设置修改出库仓库的操作步骤如下：

① 在系统左侧窗口的"经营流程"中，单击"运营"标签下的"货物出库"选项，如图6-21所示；

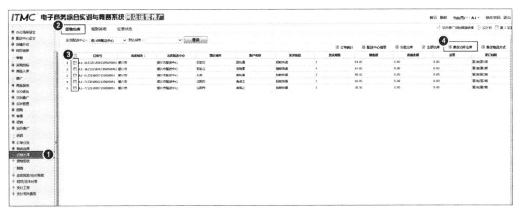

图6-21　修改出库仓库的操作步骤1

② 在窗口左上方单击"货物出库"标签；

③ 在右侧窗口显示出可进行修改出库仓库的订单，勾选要修改出库仓库的订单前面的复选框；

④ 单击右上方的"修改出库仓库"按钮；

⑤ 选择与步骤③中不同的配送中心，原来为太原市配送中心，现在改为杭州市配送中心，如图6-22所示；

⑥ 单击"确定分发"按钮，即可完成操作。

图6-22 修改出库仓库的操作步骤2

6.3.8 修改物流方式

设置修改物流方式的操作步骤如下：

① 在系统左侧窗口的"经营流程"中，单击"运营"标签下的"货物出库"选项，如图6-23所示；

② 在窗口左上方单击"货物出库"标签；

③ 在右侧窗口显示出可修改物流方式的订单，勾选要修改物流方式的订单前面的复选框；

④ 单击右上方的"修改物流方式"按钮；

⑤ 在弹出的"物流列表"对话框中单击"选择物流"按钮，如图6-24所示，即可选择与订单原有物流方式不一样的物流。

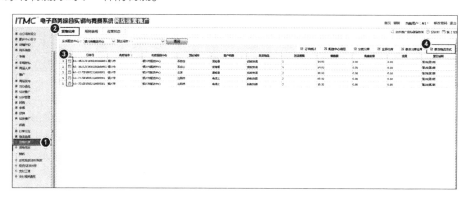

图6-23 修改物流方式的操作步骤1

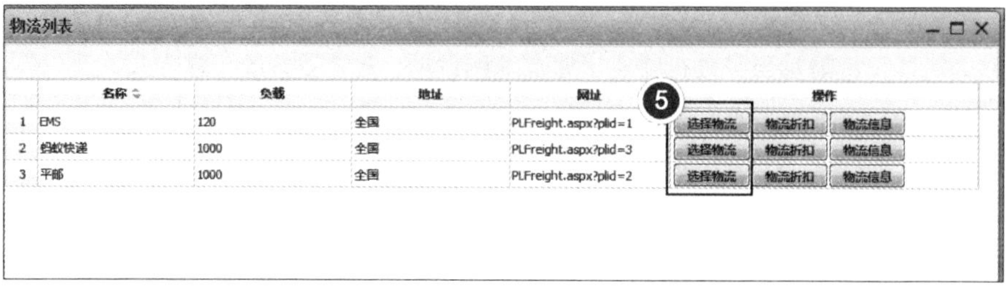

图6-24 修改物流方式的操作步骤2

📖 **高手指津**

（1）随着模拟系统的运营，部分模拟企业会设立两个或两个以上的配送中心，这时要根据离到达城市近、节省物流费用的原则选择离订单需求城市近的配送中心。如果离得近的配送中心库存不足，这时可以先把距离较远的库存调拨到离需求城市近的配送中心，再进行货物出库。

（2）如果库存不足，模拟企业可根据网店资金情况和订单金额大小及到货期限分批出库；如果选择了同一物流方式，则选择先发到货期限为一期的销售额大的订单，再发到货期为一期的销售额相对小的订单；发完一期订单后，如果选择了蚂蚁快递，则先发销售额较大的订单，再发销售额较小的订单。以此类推。

6.4 货物签收

模拟企业可以对已经出库且运送到客户的订单进行货物签收操作，在"货物签收"页面可以进行"确认签收"和"结束签收"两种操作。

货物签收

6.4.1 货物签收的含义

货物签收是指模拟企业根据不同物流方式的运输周期，在订单要求的到货期限内到达的订单进行直接签收操作，签收后货款会直接到账。

6.4.2 货物签收的规则

快递、EMS和平邮这三种物流方式配送的订单，货款均可在签收后直接到账；如果未在订单要求的到货期限内到货，买家将拒绝签收，货物将被退货，物流运费由卖家承担，并影响卖家的信誉度和商品评价；如果在买家要求的到货期限期满后仍未发货，对卖家的信誉度和商品评价造成的影响会更大。

6.4.3 确认签收

设置确认签收的操作步骤如下：

① 在系统左侧窗口的经营流程中，单击"运营"标签下的"货物签收"选项，如图6-25所示；

② 单击窗口的左上方的"货物签收"标签，在右侧窗口显示出可以签收的订单；

③ 在右侧的窗口右上方单击"确认签收"按钮，即可完成操作。

注意：

① 货物签收后，模拟企业的现金金额会增加，增加的金额为确认签收订单的金额总和；

② 如果模拟企业现金不足，货物出库的物流费用无法支付，可先确认签收订单，再进行货物出库的操作。

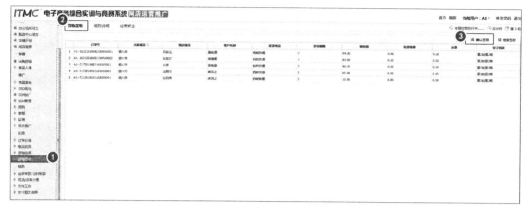

图6-25　确认签收的操作步骤

6.4.4　结束签收

设置结束签收的操作步骤如下：

① 在系统左侧窗口的经营流程中，单击"运营"标签下的"货物签收"选项，如图6-26所示；

② 单击窗口的左上方的"货物签收"标签，此时窗口没有订单显示；

③ 在窗口右上方单击"结束签收"按钮完成操作。

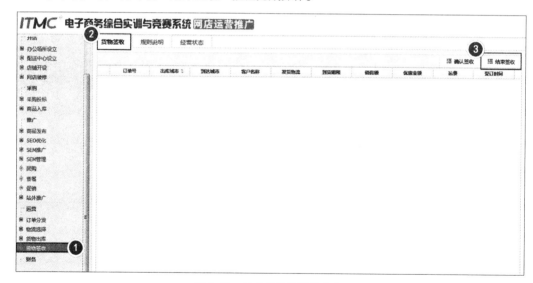

图6-26　结束签收的操作步骤

实训任务单

1. 结束站外推广后，模拟企业会收到多个订单，请结合系统"经营流程-运营-订单分发"和"辅助工具-我的订单信息"填写表6-1。

表6-1　订单信息统计表

商品名称	需求城市	销售数量	优惠后销售额	需求人群	拟选择的物流方式

2．模拟企业出于库存、资金的限制，不能一次全部出库时，模拟企业需要根据库存、资金流转设计订单的出库顺序。为了更好地设置出库顺序、避免操作失误，建议在货物出库前完成表6-2的填写。

表6-2　订单出库顺序

订单号	到货期限	销售额	出库顺序

填表说明：当商品库存充足，所有订单可全部出库时此表可不填写。

3．根据推广的步骤和实际现金收支情况进行表6-3的填写。

表6-3　"网店运营—运营篇"现金流量表

序号	项目	具体开支目录	资金流向	金额	合计
1	货物出库	支付物流费用	－		
2	确认签收	到货订单货款签收	＋		
3	融资情况	短期贷款	＋		
		民间融资	＋		
		长期贷款	＋		
合计					

CHAPTER

07

第7章
经营流程——财务篇

学习目标

（1）了解经营过程中必备的财务知识；

（2）理解各个财务专用名词的含义；

（3）掌握各项财务项目的支付规则和流程；

（4）能解决运营过程中遇到的各类财务问题；

（5）会制订合适的财务计划；

（6）培养正确的财务思维，提升财务管理意识；

（7）端正财务态度，增强工作责任心。

模拟企业在整个经营流程中随着资金的流转，不可避免地会遇到许多财务问题。处理好财务问题也是经营管理好企业的重要环节之一。模拟企业需在每期解决好应收账款/应付账款、短贷/还本付息、支付工资、支付相关费用、交税、长贷/还本付息等问题后，才会被允许进入下一期，或者关账进入下一轮。

7.1 应收账款/应付账款

应收账款是指企业在正常的经营过程中，作为卖方，因销售商品、提供劳务等业务应向买方收取的款项，包括应由购买单位或接受劳务单位负担的税金、代买方垫付的各种运杂费等，这是伴随企业的销售行为发生而形成的债权。应付账款是企业在正常的经营过程中，作为买方因购买材料、商品和接受劳务供应等业务应向卖方支付但尚未支付的款项，包括由买方负担的手续费和佣金等，是买卖双方在购销活动中由于取得物资与支付贷款在时间上的不一致而产生的债务。

每家企业因经营范围不同，涉及的应收账款/应付账款的科目和核算内容均有不同。模拟企业在资金运转中需要接受/支付的应收账款/应付账款，在系统内主要是签收时到货期限非0（即期限为1期及以上，下同）的销售额或者是采购时享受账期非0的购买额。签收时到货期限非0即因快递运输需要时间而导致延期签收时出现的应收账款，每期后到货期限缩减一期，直到货期限为0时接受应收账款，如图7-1所示；采购时享受账期非0即采购投标时若满足供应商的促销方式，享受到供应商给予的账期优惠，会出现应付账款，即可先拿货再在账期到期时支付应付账款，如图7-2所示。应收账款/应付账款核算内容及操作方向如表7-1所示。

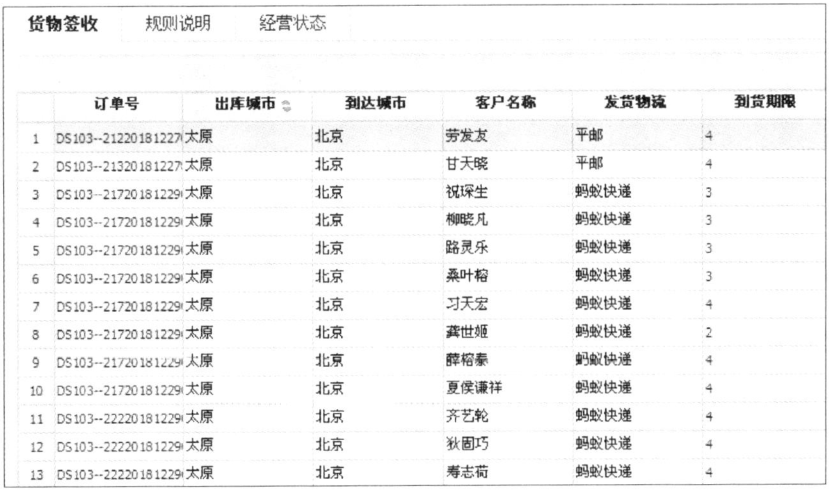
货物签收　规则说明　经营状态

	订单号	出库城市	到达城市	客户名称	发货物流	到货期限
1	DS103--21220181227	太原	北京	劳发友	平邮	4
2	DS103--21320181227	太原	北京	甘天晓	平邮	4
3	DS103--21720181229	太原	北京	祝琛生	蚂蚁快递	3
4	DS103--21720181229	太原	北京	柳晓凡	蚂蚁快递	3
5	DS103--21720181229	太原	北京	路灵乐	蚂蚁快递	3
6	DS103--21720181229	太原	北京	桑叶榕	蚂蚁快递	3
7	DS103--21720181229	太原	北京	习天宏	蚂蚁快递	4
8	DS103--21720181229	太原	北京	龚世姬	蚂蚁快递	2
9	DS103--21720181229	太原	北京	薛榕泰	蚂蚁快递	4
10	DS103--21720181229	太原	北京	夏侯谦祥	蚂蚁快递	4
11	DS103--22220181229	太原	北京	齐艺轮	蚂蚁快递	4
12	DS103--22220181229	太原	北京	狄固巧	蚂蚁快递	4
13	DS103--22220181229	太原	北京	寿志荷	蚂蚁快递	4

图7-1　出现应收账款情况（签收时到货期限非0）

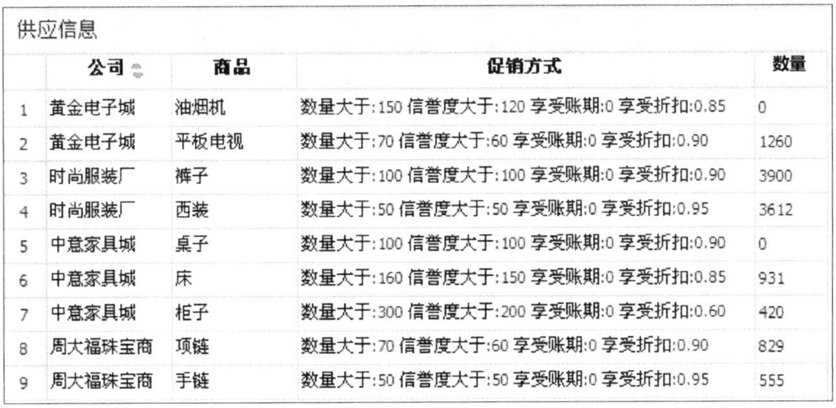
供应信息

	公司	商品	促销方式	数量
1	黄金电子城	油烟机	数量大于:150 信誉度大于:120 享受账期:0 享受折扣:0.85	0
2	黄金电子城	平板电视	数量大于:70 信誉度大于:60 享受账期:0 享受折扣:0.90	1260
3	时尚服装厂	裤子	数量大于:100 信誉度大于:100 享受账期:0 享受折扣:0.90	3900
4	时尚服装厂	西装	数量大于:50 信誉度大于:50 享受账期:0 享受折扣:0.95	3612
5	中意家具城	桌子	数量大于:100 信誉度大于:100 享受账期:0 享受折扣:0.90	0
6	中意家具城	床	数量大于:160 信誉度大于:150 享受账期:0 享受折扣:0.85	931
7	中意家具城	柜子	数量大于:300 信誉度大于:200 享受账期:0 享受折扣:0.60	420
8	周大福珠宝商	项链	数量大于:70 信誉度大于:60 享受账期:0 享受折扣:0.90	829
9	周大福珠宝商	手链	数量大于:50 信誉度大于:50 享受账期:0 享受折扣:0.95	555

图7-2　出现应付账款情况（采购时享受账期非0）

表 7-1　应收账款 / 应付账款的核算内容及操作方向

科目名称	核算内容	操作方向
应收账款	签收时到货期限非 0	接受
应付账款	采购时享受账期非 0	支付

完成应收账款/应付账款结算的操作步骤如下：

① 在系统左侧窗口的"经营流程"中，单击"财务"标签下的"应收账款/应付账款"选项，如图7-3所示；

② 在右侧的窗口中单击"接受/支付" 按钮即可。若按钮为灰色，则说明本期应收账款与应付账款均为0。

图7-3 "应收账款/应付账款"结算的操作步骤

📖 高手指津

（1）模拟企业每期均需更新应收账款/应付账款的账期，并接受/支付本期到期的应收账款/应付账款，图7-3中采购时系统未提供享受账期非0的情况，故暂未遇到需支付应付账款的情况。

（2）在结算应收账款/应付账款时，系统规定先交应付账款，再收应收账款，不能先贴现再交应付账款，因此结算前务必预留多于应付账款的现金，否则将影响结算操作。

7.2 短贷/还本付息

↘ 7.2.1 短贷的含义

短贷是网店在运营过程中为解决资金短缺问题而借入资金的一种融资方式。系统提供两种短贷方式，即短期借款和民间融资。

短贷/还本付息

7.2.2 短贷的规则

一、贷款额度

短贷以100为最低基本贷款单位，可借资金为100的倍数，限额为上轮所有者权益的两倍减去已贷短贷数额（短贷与长贷共享贷款限额，见7.6节，本节暂不考虑长贷贷款金额），如首轮首期所有者权益为500，此时贷款额度为1000。所谓所有者权益是指企业资产扣除负债后，由所有者享有的剩余权益。除了"在短贷/还款付息"选项下可以查看到所有者权益这一指标数值外，还可在"经营分析"下"财务报表"选项中查询，具体见9.3节。仍以首轮期贷款额度为1000为例，第一轮第一期借入短贷800元，第二期借入余下的200。当第一轮结束时所有者权益为1234元，那么，第二轮第一期的贷款额度为第一轮结束时的所有者权益的两倍，取整百位，即2400元，减去第一轮第二期借入额200，故当还清第一轮第一期借入的800后，贷款额度为2200。

二、还款期限

短贷的还款期限为2期，即若第一轮第一期借入短贷，则需要在结束第二轮第一期时还清本息，否则将无法进入第二轮第二期，以此类推。系统会在进入下一期后自动更新短贷数额，并将贷款账期缩短一期。

三、还款方式

短贷的还款方式为一次性还本付息，即模拟企业借款后无需每期还款，而是2期到期后一次性归还本金和利息。例如，第一轮第一期和第二期分别借入资金，则需在第二轮第一期将第一轮第一期借入的贷款还本付息，第一轮第二期借入的贷款暂不归还。

四、贷款利率

短期借款和民间融资两种融资方式的贷款利率不同，短期借款为5%，而民间融资为15%，如表7-2所示。

表7-2 短贷规则表

融资方式	规定贷款时间	贷款额度	还贷规定	利率
短期借款	每期任何时间	上轮所有者权益的两倍－已贷短期贷款	到期一次还本付息	5%
民间融资	每期任何时间	上轮所有者权益的两倍－已贷短期贷款	到期一次还本付息	15%

五、贷款时间

短期借款和民间融资这两种融资方式可在每一轮每一期任何时间贷出，前提是企业在本轮本期的到期贷款已还本付息，且有贷款额度。

7.2.3 设置短贷的操作步骤

设置短贷的操作步骤如下：

① 在系统左侧窗口的"经营流程"中，单击"财务"标签下的"短贷/还本付息"选项，如图7-4所示；

② 在右侧的窗口中单击"短期贷款"或"民间融资"右边的下拉菜单，并单击相应数字。若下拉菜单只有"0"，则说明本期短贷额度已用完；

③ 单击"新贷款"按钮。若按钮为灰色，但确实有额度可贷，则需先单击"还本付息"按钮来触发。

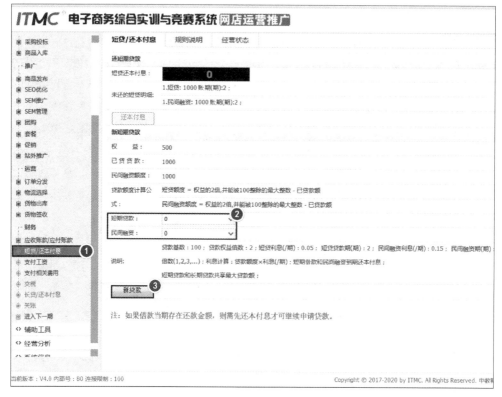

图7-4　短贷的操作步骤

7.2.4　还本付息

当短贷到期时，需归还本金，并支付利息。具体计算公式如下：

本息=本金+利息=贷款本金+贷款本金×贷款利率=贷款本金×（1+贷款利率）

例：在首轮首期短贷1500，其中短期借款1000，民间融资500，那么在到期时（第二轮第一期）需归还本息多少？

解：因短期借款利率为每期5%，民间融资利率为每期15%，故到期时需归还短期借款为1000×（1+5%）=1050，归还民间融资为500×（1+15%）=575元，总共需归还1050+575=1625元。

完成"还本付息"的操作步骤如下：

① 在系统左侧窗口的"经营流程"中，单击"财务"标签下的"短贷/还本付息"选项，如图7-5所示；

② 在窗口中单击"还本付息"按钮；

③ 在跳出的对话框中单击"确定"按钮即可。若按钮为灰色，则说明暂无款项须还。

图7-5　完成"还本付息"的操作步骤

7.2.5　申请短贷新贷款

若短贷未达到可申请的最高额度时，模拟企业在每一期的任何时间均可以申请新贷款。可申请的最高额度为上轮所有者权益的两倍减去已贷短贷。当贷款达到可申请的最高额度时，需先还本付息后才能获得新贷款资格。

7.3　支付工资

7.3.1　工资的含义

工资是指企业依据法律规定、行业规定或根据与员工之间的约定，以货币形式对员工的劳动所支付的报酬。

支付工资

7.3.2　支付工资的规则

模拟企业在开店时完成招贤纳士任务后，在每期运营结束进入下一期或每一轮关账前均需支付工资。计算公式为：

员工工资=基本工资×（1+工资差）×（1+工资增长率）=工资基数×（1+工资增长率）

例：若模拟企业在沈阳市分别招聘高级经理、中级经理、初级经理各一位，并在北京招聘一位仓库管理员和一位配送员，则当期共需支付多少工资？若下一期员工不变，又需支付多少工资？

解：因高级经理、中级经理、初级经理、仓库管理员、配送员的基本工资分别为22、15、7、6、7，且沈阳市和北京市的工资差分别为20%、30%。那么，支付高级经理的工资为22×（1+20%）=26（系统结果取整处理），中级经理的工资为15×（1+20%）=18（系统结果取整处理），初级经理的工资为7×（1+20%）=8（系统结果取整处理），仓库管理员的工资为6×（1+30%）=7（系统结果取整处理），配送员的工资为7×（1+30%）=9（系统结果取整处理），因此当期共需支付工资为26+18+8+7+9=68。因初级经理涉及10%的工资增长率，故下一期支付初级经理的工资时有变化，变为7×（1+20%）×（1+10%）=9（系统结果取整处理），其他员工工资不变。因此下一期共需支付工资为26+18+9+7+9=69。

📖 **高手指津**

（1）基本工资因职务不同而有高低差别，如表7-3所示。

表7-3 工资情况表

职务	等级	基本工资	工资增长率	业务能力
初级经理	初级	7	0.1	2
中级经理	中级	15	0	6
高级经理	高级	22	0	10
仓库管理员	初级	6	0	0
配送员	初级	7	0	0

（2）工资基数受每个城市的工资差影响，工资差请参照表3-1。

（3）初级经理工资每期会以10%的速度增长。其他职务每期需支付的工资不变。

7.3.3 支付工资

"支付工资"模块模拟的是企业每期均需根据规则完成的工资支付工作。完成"支付工资"的操作步骤如下：

① 在系统左侧窗口的"经营流程"中，单击"财务"标签下的"支付工资"选项，如图7-6所示；

② 在窗口的右上方单击"支付工资"按钮即可完成操作。

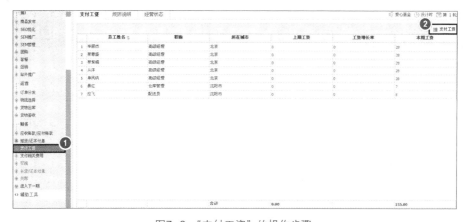

图7-6 "支付工资"的操作步骤

7.4　支付相关费用

企业在经营过程中常常会遇到各类费用的支出问题，包括租赁费、维修费、售后服务费、库存管理费以及行政管理费等相关费用。

支付相关费用

7.4.1　支付相关费用的规则

模拟企业每期均需根据经营情况支付相关费用。相关规则如下。

① 首轮首期的租赁费、维修费在办公场所和配送中心租赁时完成支付，从第一轮第二期开始若办公场所或配送中心未进行改建或搬迁，则租赁费、维修费在支付相关费用时一同支付。

② 当且仅当上架商品时选择了售后服务，且该商品被卖出时，才会产生售后服务费。

③ 当仓库中有商品未卖出时，需支付库存管理费。

> 📝 **素质课堂**
>
> 《电子商务法》第三十五条规定："电子商务平台经营者不得利用服务协议、交易规则以及技术等手段，对平台内经营者在平台内的交易、交易价格以及与其他经营者的交易等进行不合理限制或者附加不合理条件，或者向平台内经营者收取不合理费用。"
>
> 第八十二条规定："电子商务平台经营者违反本法第三十五条规定，对平台内经营者在平台内的交易、交易价格或者与其他经营者的交易等进行不合理限制或者附加不合理条件，或者向平台内经营者收取不合理费用的，由市场监督管理部门责令限期改正，可以处五万元以上五十万元以下的罚款；情节严重的，处五十万元以上二百万元以下的罚款。"

7.4.2　支付租赁费

租赁费是指模拟企业以租赁的方式租入的营业用房、运输工具、仓库、低值易耗品、设备等所支付的费用。模拟企业因办公场所租赁和配送中心租赁须每期支付租赁费，费用多少根据办公场所类型和配送中心租赁时选择的城市和类型不同而定。租赁基本费用汇总表如表7-4所示，城市的选择不同使得租金差不同。最终支付的租赁费为：租赁基本费用×（1+租金差）。

表 7-4　租赁基本费用汇总表

项目	类型	租赁费
办公场所	普通	96
	豪华	160

续表

项目	类型	租赁费
配送中心	小型	32
	中型	36
	大型	40
	超级小型	96
	超级中型	192
	超级大型	384

7.4.3 维修费

维修费是指企业对固定资产、低值易耗品的修理费用。模拟企业涉及的维修费主要是办公场所和配送中心的维修费用，费用须按期支付，费用多少根据办公类型和配送中心的类型而定，维修费记总表如表7-5所示。

表7-5 维修费汇总表

项目	类型	维修费
办公场所	普通	4
	豪华	8
配送中心	小型	32
	中型	36
	大型	40
	超级小型	96
	超级中型	192
	超级大型	384

7.4.4 售后服务费

售后服务费是指商品售出后，为履行合同约定的明确的售后条款内容产生的一切费用。系统规定在商品上架设置时选有售后选项的商品需要支付售后服务费，费用按件计费，每件收取售后服务费1，如表7-6所示。需要售后服务费的商品，一经卖出，从下一期开始需连接支付4期的售后服务费。

表7-6 售后服务费汇总表

商品	售后服务费
所有商品	1

7.4.5　库存管理费

库存管理费是指保管存储物资而产生的费用。系统规定每个商品根据库存城市的不同需要支付库存管理费，费用按件分段计费，10件以内（含10件）收取库存管理费2，10件以上每增加一件多收取费用0.2（见表7-7）。

表7-7　库存管理费汇总表

商品	库存城市	最低数量	库存费用	增加一件费用
所有商品	全国	10	2	0.2

7.4.6　行政管理费

行政管理费是指企业为了维持正常运营缴纳给政府或者用于管理的费用。系统规定每期必须缴纳的行政管理费为10。

7.4.7　支付相关费用

模拟企业每期均需根据规则完成相关费用支付的任务。完成"支付相关费用"的操作步骤如下：

① 在系统左侧窗口的"经营流程"中，单击"财务"标签下的"支付相关费用"选项，如图7-7所示；

② 在窗口的左上方单击"支付"按钮即可完成操作。

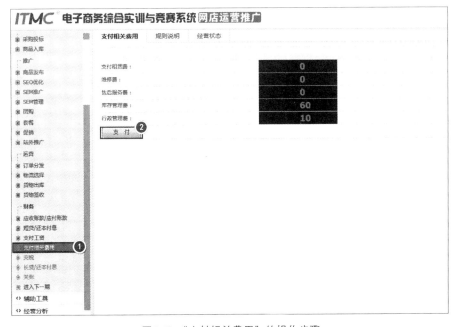

图7-7　"支付相关费用"的操作步骤

7.5 交税

7.5.1 交税的含义

交税

交税是根据国家各种税法的规定，集体或个人按照一定的比例把一部分所得收入缴纳给国家的行为。在ITMC电子商务沙盘的系统中，模拟企业所需缴纳的税种有企业所得税、增值税、城市维护建设税和教育费附加（部分国家法定税率已调整，但ITMC电子商务沙盘目前版本中尚未更新，本书中的相关计算以系统中所设参数为准）。

企业所得税是对企业在一定时期内的纯所得（纯收入）额征收的税种，系统按企业所得税法定税率25%计算。

增值税是对销售货物或提供加工、修理修配劳务或进口货物的单位和个人就其实现的增值额征收的一个税种。系统按增值税的税率为17%计算。

城市维护建设税是我国为了加强城市的维护建设，扩大和稳定城市维护建设资金来源开征的一个税种。

教育费附加是对在城市和县城凡缴纳增值税、消费税的单位和个人，就实际缴纳的两种税税额征收的一种附加税。

素质课堂

《电子商务法》第十一条规定："电子商务经营者应当依法履行纳税义务，并依法享受税收优惠。依照前条规定不需要办理市场主体登记的电子商务经营者在首次纳税义务发生后，应当依照税收征收管理法律、行政法规的规定申请办理税务登记，并如实申报纳税。"

7.5.2 交税的规则

模拟企业在完成一轮经营后，在下一轮第一期需要缴纳企业所得税、增值税、城市维护建设税，以及教育费附加。

计算公式分别为：

企业所得税=税前利润（先弥补前面的亏损）×25%

增值税=（销项－进项）×17%

城市维护建设税=增值税×7%

教育费附加=增值税×3%

高手指津

（1）计算结果均保留小数点后两位并四舍五入。

（2）各个税种的税率是系统设定的，现国家税改后部分税率已调整，具体请查阅最新税法。

　　例：若模拟企业在第一轮结束后资产负债表中显示销售额为9216.35，营业成本（含税）为3747.6，利润总额为1640.22，那么共需交税多少？

　　解：增值税=（销售额−含税成本）×增值税率/（1+增值税率）＝（9216.35−3747.6）×0.17/（1+0.17）≈794.61；

　　城市维护建设税=增值税×城建税率=794.61×0.07≈55.62；

　　教育费附加=增值税×教育费附加比率=794.61×0.03≈23.84；

　　共需交税794.61+55.62+23.84=874.07。

7.5.3　交税操作

完成交税的操作步骤如下：

① 在系统左侧窗口的"经营流程"中，单击"财务"标签下的"交税"选项，如图7-8所示；

② 在右侧的窗口下边单击"交税"标签；

③ 在跳出的对话框中单击"确定"按钮即可，如图7-9所示。

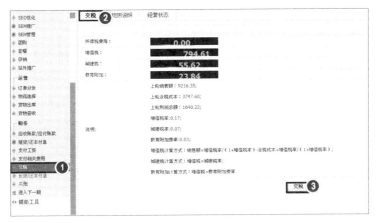

图7-8　交税的操作步骤1

图7-9　交税的操作步骤2

7.6　长贷/还本付息

7.6.1　长贷的含义

　　长贷是指企业向银行或其他金融机构借入期限在一年以上（不含一年）的贷款的一种融资方式。目前系统仅提供一种长贷方式。

长贷/还本付息

↘ 7.6.2 长贷的规则

1. 贷款额度

长贷（长期贷款）以100为最低基本贷款单位，可借资金为100的倍数，限额为上轮所有者权益的两倍（减去已贷短期贷款）减去已贷长期贷款。

2. 还款期限

长贷的还款期限为3轮。系统会在进入下一轮后自动更新长期贷款，并将贷款账期缩短一轮。如在第一轮轮末剩余贷款额度500，借入长贷，则需要在第四轮关账前还清。

3. 还款方式

长贷的还款方式为先息后本，即模拟企业在贷款后每一轮均需支付当轮的利息，等3轮到期后归还本金和当轮利息。

4. 贷款利率

长贷的轮利率为10%。

5. 贷款时间

长贷只有在每轮末才能申请，且前提是当轮利息已还，若当期长贷到期，则需要还本并付清当轮利息后才有贷款额度，长贷融资信息表如表7-8所示。

表7-8　长贷融资信息表

融资方式	规定贷款时间	贷款额度	还贷规定	利率
长贷	每轮轮末	所有者权益的两倍（减去已贷短期贷款）-已贷长期贷款	轮末付息，到期还本	10%

↘ 7.6.3 申请长贷的操作步骤

长贷的操作步骤如下：

① 在系统左侧窗口的"经营流程"中，单击"财务"标签下的"长贷/还本付息"选项；

② 在窗口中单击"长期贷款"右边的下拉菜单，并单击相应数字。若下拉菜单只有"0"，则说明本轮长贷额度已用完；

③ 单击"新贷款"按钮，若按钮为灰色，但确实有额度可贷，则需先单击"还本付息"按钮来触发，如图7-10所示。

📖 高手指津

（1）短期贷款和长期贷款共享最大贷款额，即短期贷款已用完上一轮所有者权益两倍的数额，那么长期贷款的额度则为0。

（2）系统规定如果有到期的长期贷款，必须先还款后才能再次贷款。

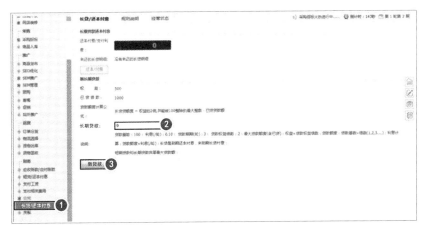

图7-10　长贷的操作步骤

7.6.4　还本付息

借入长贷后，需从下一轮开始于每一轮轮末支付利息，并在3轮后归还本金。计算公式为：

$$每一轮利息=贷款本金×贷款利率$$

例：在第一轮轮末借入长贷1000，那么在第二轮开始到第四轮共需支付多少利息？

解：因长期贷款利率为每轮为10%，故第二轮开始每一轮均需支付1000×10%=100，三轮共需支付利息100×3=300。

完成还本付息操作步骤如下：

① 在系统左侧窗口的"经营流程"中，单击"财务"标签下的"长贷/还本付息"选项，如图7-11所示；

② 在右侧窗口中单击"还本/付息"按钮即可。若按钮为灰色，则说明暂无款项要还。

图7-11　长贷还贷的操作步骤

↘ 7.6.5 申请长贷新贷款

若长期贷款未达到可申请的最高额度，模拟企业在每一轮的轮末均可以申请新贷款。可申请的最高额度为上轮所有者权益的两倍（减去已有短期贷款）减去已贷长期贷款。当贷款达到可申请的最高额度时，需先还本付息后才能获得新贷款资格。

7.7 关账

每一轮经营结束后，在进入下一轮第一期前均需关账处理。在关账后，系统会自动提供资产负债表和利润表，并根据得分规则自动计算当轮得分。

关账及进入下一轮

↘ 7.7.1 关账的含义

关账指财务一定阶段的结账，即本轮账目到关账时截止。系统会自动给出能反映当轮运营状况的资产负债表和利润表。系统自动计算结果均四舍五入后保留小数点后两位。

资产负债表中，存货成本含进项税。利润表中营业收入和营业成本均不含增值税，故计算公式为：

营业收入（运费由买家支付）＝（销售额－优惠额＋运费）/1.17

营业成本＝商品销售成本/1.17

↘ 7.7.2 得分规则

得分在一定程度上反映出模拟企业当轮的经营效果。得分构成表如表7-9所示。

表7-9 得分构成表

项目	得分
未借民间融资	+20
未贴现	+20
建立 IEC 平台	+100
ISO14000 认证研发完成	+50
ISO9000 认证研发完成	+20
开设 B 店	+100
直接成本分摊得分	＋（1－直接成本/销售额）×100
综合费用分摊得分	＋（1－综合费用/销售额）×100
资金周转率得分	＋销售额/总资产×100
净利润率得分	＋净利润/销售额×100
资产报酬率（ROA）得分	＋税前利润/总资产×100
权益报酬率（ROE）得分	＋净利润/所有者权益×100
资金流动性得分： 速动比 QR＝（现金＋应收账款）/（短期负债＋应付账款＋应交税） 流动比 CR＝总流动资产/（短期负债＋应付账款＋应交税）	CR<1 且 QR<0.5（资金流动性差）：　　－10 1.5<CR<2 且 0.75<QR<1（资金流动一般）：＋50 CR>=2 且 QR>=1（资金流动性好）：　　＋100 其他比例均是 0 分

续表

项目	得分
资产负债率得分	＋（1－总负债/总资产）×100
总分	以上求和

按得分构成表计算出总分后，得分公式为：

得分＝（1+总分/100）×所有者权益×追加股东投资比例

📖 高手指津

（1）正式比赛中，不允许追加股东投资，所以得分主要是考虑总分和所有者权益，要想提高得分，则需提高总分和所有者权益。

（2）正式比赛要求模拟企业经营5轮10期，第5轮末的得分关系到比赛排名，得分高的排名靠前，若得分相同，则所有者权益高者胜出，若中途破产，则后破产的排名靠前，若同时破产，则看所有者权益，高者排前。

（3）若在训练过程中有追加股东投资，那么最终得分需要乘以追加股东投资比例。追加股东投资比例＝所有者权益/（所有者权益+追加金额）。

↘ 7.7.3　关账操作

当模拟企业完成一轮两期的经营后，需要关账，关账之后不能再进行其他操作。

关账的操作步骤如下：

① 在系统左侧窗口的"经营流程"中，单击"财务"标签下的"关账"选项，如图7-12所示；

② 在右侧窗口单击资产负债表下的"关账"按钮即可。若不能关账，说明左侧窗口的经营流程下有选项未完成，请先查看并完成标记为灰色的选项，再进行关账操作。

图7-12　关账的操作步骤

7.8 进入下一期/轮

模拟企业在完成一期的开店、采购、推广、运营，以及财务处理后即可进入下一期经营。每完成两期的经营后，可关账后进入下一轮。

完成进入下一期/轮的操作步骤如下：

① 在系统左侧窗口的"经营流程"中，单击"财务"标签下的"进入下一期"选项，如图7-13所示；

② 在右侧窗口单击"确定"按钮即可。若不能进入下一期，说明左侧窗口的经营流程下有选项未完成，请先查看并完成标记为灰色的选项，再进行进入下一期操作。操作时若不能进入下一轮，请查看是否已完成关账操作。

图7-13 进入下一期/轮的操作步骤

实训任务单

1. 请各小组根据自己的运营策略，进行贷款计划的制订，并完成表7-10。

表7-10 贷款计划表

期数	本期新增短期贷款数		本期需还短期贷款和利息数		本期新增长期贷款数	本期需还长期贷款和利息数
	短期借款	民间融资	短期借款	民间融资		
第一轮第一期						
第一轮第二期						
第二轮第一期						
第二轮第二期						

续表

期数	本期新增短期贷款数		本期需还短期贷款和利息数		本期新增长期贷款数	本期需还长期贷款和利息数
	短期借款	民间融资	短期借款	民间融资		
第三轮第一期						
第三轮第二期						
第四轮第一期						
第四轮第二期						
第五轮第一期						
第五轮第二期						

2．请各小组记录每一期工资和相关费用数据，填写表7-11。

表7-11　工资和相关费用表

期数	工资	租赁费	维修费	售后服务费	库存管理费	行政管理费
第一轮第一期						
第一轮第二期						
第二轮第一期						
第二轮第二期						
第三轮第一期						
第三轮第二期						
第四轮第一期						
第四轮第二期						
第五轮第一期						
第五轮第二期						

CHAPTER
08
第8章
辅助工具介绍

学习目标

（1）了解辅助工具的种类；

（2）理解各类辅助工具的作用；

（3）掌握各类辅助工具的使用方法；

（4）能通过查询各类信息做好辅助运营；

（5）会分析各类信息辅助制订运营策略；

（6）培养认真、严谨的运营态度。

　　辅助工具的使用将帮助经营者在做好店铺管理的同时，了解竞争对手的信息。系统提供的"辅助工具"模块包括店铺管理、员工管理、库存管理、仓库信息查询、站外推广信息、ITMC商城信息、媒体中标信息、采购中标信息、历轮订单列表、我的订单信息、追加股东投资、物流信息查询、物流路线查询、物流折扣管理、排行榜以及企业信息。

8.1　店铺管理

　　店铺管理是指经营者为避免模拟店铺在经营过程中提前泄露策略而自行选择合适时机进行开关店铺操作的活动。若执行关店命令，竞争对手将无法在ITMC商城信息中查看到本店铺的信息。

　　开关店铺的时机选择非常重要。关店的最好时机为站外推广圆满结束后，可保证本店铺的经营策略不泄露。开店最好时机为站外推广结束前30秒左右，可适当减少时间，视经营者的操作速度而定，但务必在站外推广结束前完成开店操作，否则将在当期无订单产生。

常用辅助工具
介绍1

店铺关闭/开放的操作步骤如下：

① 在系统左侧窗口的"辅助工具"中，单击"店铺管理"选项，如图8-1所示；

② 在右侧的窗口中先选中本模拟店铺，即选中序号后的复选框；

③ 单击右上方"关闭店铺"或"开放店铺"选项。菜单会随时更新为修改后的状态。

图8-1　"店铺管理"操作步骤

8.2　员工管理

员工管理是指经营者为控制工资成本而对已雇佣的员工进行解雇操作的活动。若执行解雇命令，将从下一期开始无须支付被解雇员工的工资。

员工管理的操作步骤如下：

① 在系统左侧窗口的"辅助工具"中，单击"员工管理"选项，如图8-2所示；

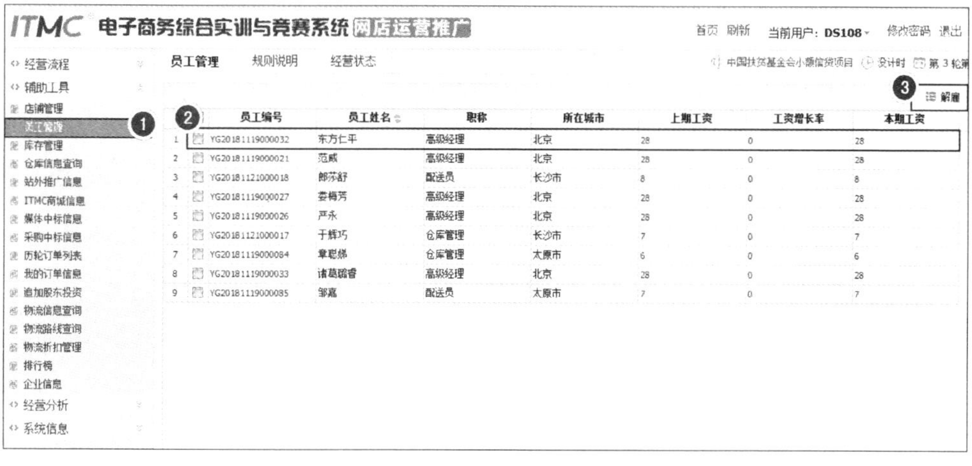

图8-2　员工管理操作步骤1

② 在右侧的窗口中先选中要解雇的员工，即勾选序号后的复选框，单击右上方的"解雇"选项；

③ 在跳出的对话框中单击"确定"按钮即可，如图8-3所示。

图8-3 员工解雇操作步骤2

📖 **高手指津**

（1）办公室中至少要有一名员工，配送中心的仓库管理员和配送员不允许被解雇。

（2）被解雇的员工在当期仍需支付工资，从下一期开始则无需支付。

8.3 库存管理

库存管理是指经营者为管理物流过程中的商品数量而进行库存调拨、订单统计等操作的活动。系统提供库存调拨、配送中心信息查询、订单统计等功能，可供经营者随时了解库存中的商品情况，包括城市、数量、平均进价和总成本等。若在两个以上（包括两个）城市设立了配送中心，则可根据配送中心信息查询情况和订单统计结果按需在不同配送中心之间调拨商品，以满足各配送中心的商品需求，优化物流路径，降低运费成本。

库存管理的操作步骤如下：

① 在系统左侧窗口的"辅助工具"中，单击"库存管理"选项，如图8-4所示；

② 在右侧的窗口右上方单击"库存调拨"按钮；

③ 在跳出的对话框中分别选择出库及调入的配送中心、配送物流公司、商品，并填写相应数量，单击"调拨"按钮即可，如图8-5所示。

📖 **高手指津**

（1）库存调拨只能在本店铺所属的不同配送中心之间进行，不能从其他店铺的配送中心调拨货物。

（2）库存调拨并不是免费的，而需要支付运费。运费计算方法与正常发货相同。

图8-4　库存管理操作步骤

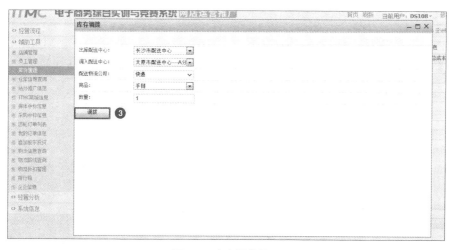

图8-5　库存调拨设置

8.4 仓库信息查询

仓库信息查询模块为经营者提供库存信息查询业务。不同于"库存管理"选项仅可查看总库存信息，仓库信息查询可查看不同配送中心各自的库存信息，且同一商品入库在不同配送中心的成本独立核算，如平均进价、总成本会分别计算。

仓库信息查询的操作步骤如下：

① 在系统左侧窗口的"辅助工具"中，单击"仓库信息查询"选项，如图8-6所示；

② 在右侧的窗口左上方选择要查看的配送中心，该配送中心的库存信息即可显示在右侧。

图8-6　仓库信息查询

8.5　站外推广信息

站外推广信息模块为经营者提供查看各个店铺（含本店铺和竞争对手店铺）当期媒体中标信息服务。可查阅的信息包括中标账号、媒体名称、商品名称、时段名称、中标费用、影响力度、最低投放额度、关系值等信息，为下一期的投标提供数据参考。

常用辅助工具
介绍2

站外推广信息查询的操作步骤如下：

① 在系统左侧窗口的"辅助工具"中，单击"站外推广信息"选项，如图8-7所示；

② 单击右侧窗口"中标账号"右边的上下箭头，可将中标账号按照从小到大或从大到小排列。

图8-7　站外推广信息

📖 **高手指津**

（1）只有B店开设成功才有站外推广的机会。招标时竞价价高者才能中标，故并非所有店铺都有站外推广信息。

（2）站外推广信息查询仅在站外推广结束后进入新一期前显示相关信息。

8.6　ITMC商城信息

ITMC商城信息模块为经营者提供查看各个店铺（含本店铺和竞争对手店铺）当期的推广信息服务。类似于淘宝和天猫商城搜索关键词后的结果页显示，页面上会显示各店铺的商品主图和价格。进入某一店铺的商品详情页，可查阅SEO和SEM关键词等，也可查看设置的团购、促销等活动。

ITMC商城信息查询的操作步骤如下：

① 在系统左侧窗口的"辅助工具"中，单击"ITMC商城信息"选项，如图8-8所示；

图8-8　ITMC商城信息查询

② 单击选择窗口左侧罗列的某一店铺，即可查看该店铺的相关信息，查询结果如图8-9所示，若要查看某一商品的详细信息，则单击该商品主图即可。

图8-9　ITMC商城某店铺的查询结果

经营者通过ITMC商城信息只可看到开店状态下的店铺信息。若竞争对手执行关闭店铺操作，则经营者无法查到该竞争对手的店铺信息。

8.7 媒体中标信息

媒体中标信息模块为经营者提供查看本店铺任何一期站外推广中标信息服务。不同于"站外推广信息"选项，媒体中标信息只提供本店铺的站外推广中标信息，但可查询到任何一轮任何一期的相关信息，包括本账号中标的媒体名称、商品名称、时段名称、中标费用等。

媒体中标信息查询的操作步骤如下：

① 在系统左侧窗口的"辅助工具"中，单击"媒体中标信息"选项，如图8-10所示；

② 分别在右侧的窗口上方"轮""期"右侧的下拉菜单中选择想要查询的轮数和期数；

③ 单击右侧的"查询"按钮，即可看到中标媒体的相关信息。

图8-10　查询媒体中标信息的操作步骤

（1）当且仅当本店铺开设了B店，且参与了站外推广招标，并竞价高于竞争对手，才有媒体中标信息。

（2）媒体中标信息仅显示本店铺各轮各期的站外推广媒体中标相关信息。"站外推广信息"选项则可查询所有店铺的站外推广信息。

8.8 采购中标信息

采购中标信息模块为经营者提供查看本店铺任何一期采购中标信息服务。经营者可查

询到采购城市、公司名、商品名、数量、价格、总金额、付款账期、到达期限和是否入库等
信息。

采购中标信息查询的操作步骤如下：

① 在系统左侧窗口的"辅助工具"中，单击"采购中标信息"选项，如图8-11所示；

② 分别在右侧窗口的上方"商品""城市""供货公司""时间"右侧的下拉菜单中筛
选出想要查询的信息；

③ 单击右侧"查询"按钮，即可看到采购中标的相关信息。

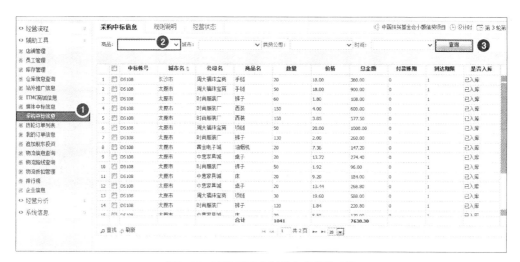

图8-11　查询采购中标信息的操作步骤

8.9　历轮订单列表

历轮订单列表主要为经营者提供查看本店铺任何一期订单信息服务。经营者可查询到订单
号、订单类型、到达城市、客户名称、到货期限、销售额、优惠金额、要求物流、运费、消费
人群、状态、到货进度、受订时间等信息。也可单独查询已交货的订单信息，包括商品名、城
市名称、合计数量、平均价格、合计金额。

历轮订单列表查询的操作步骤如下：

① 在系统左侧窗口的"辅助工具"中，单击"历轮订单列表"选项，如图8-12所示；

② 分别在右侧的窗口上方"商品""到达城市""物流方式""订单类型""消费人群"
右侧的下拉菜单中做出选择，筛选出想要查询的信息，单击右侧"查询"按钮，即可看到订单
的相关信息；

③ 单击右侧窗口右上方的"已交货统计"按钮，在跳出的对话框的"轮""期"处选
择想要查询的轮数和期数，单击右侧的"查询"按钮，即可显示已交货订单的相关信息，如
图8-13所示。

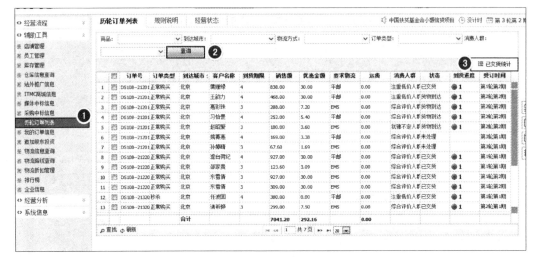

图8-12 查询"历轮订单列表"的操作步骤

图8-13 已交货订单统计结果

8.10 我的订单信息

　　我的订单信息模块为经营者提供查看本店铺当期订单信息服务。经营者可查询到订单号、订单类型、到达城市、客户名称、到货期限、销售额、优惠金额、要求物流、运费、消费人群、状态、到货进度、受订时间等信息。也可单独查询未交货的订单信息，包括商品名、城市名称、合计数量、平均价格、合计金额等。

常用辅助工具
介绍3

查询我的订单信息的操作步骤如下：

① 在系统左侧窗口的"辅助工具"中，单击"我的订单信息"选项，如图8-14所示；

图8-14　查询"我的订单信息"的操作步骤

② 分别在右侧的窗口上方"商品""到达城市""物流方式""订单类型""消费人群"右侧的下拉菜单中做出选择，筛选出想要查询的信息，单击"查询"按钮，即可看到订单的相关信息；

③ 单击右侧窗口右上方的"未交货统计"按钮，在跳出的对话框上方的"轮""期"中选择想要查询的轮数和期数，单击右侧"查询"按钮，即可显示未交货订单的相关信息，如图8-15所示。

图8-15　未交货订单统计结果

8.11 追加股东投资

追加股东投资模块为经营者提供资金支持服务。当经营者在运营过程中出现资金链断裂需要资金流入时，可通过追加股东投资补充资金。

追加股东投资的操作步骤如下：

① 在系统左侧窗口的"辅助工具"中，单击"追加股东投资"选项，如图8-16所示；

② 在右侧的窗口"追加额度"右侧框中填入追加额度，一次最多追加1000，可多次追加；

③ 单击"追加投资"按钮，结果如图8-17所示。

图8-16　"追加股东投资"的操作步骤

图8-17　追加股东投资显示结果

📖 **高手指津**

（1）在正式比赛过程中是不允许追加股东投资的。

（2）若要追加股东投资，需教师在教师端允许此操作。若追加了股东投资，将因追加股东投资比例这一项的改变而影响最终得分。得分公式为：得分＝（1＋总分/100）×所有者权益×追加股东投资比例。

8.12 物流信息查询

物流信息查询模块为经营者查看系统所提供的三种物流方式的相关信息服务。经营者可查询到三种物流方式的负载能力、运输范围等基本信息，也可查看物流折扣等详细信息，包括单位运价、单件加价方式等。

物流信息查询的操作步骤如下：

① 在系统左侧窗口的"辅助工具"中，单击"物流信息查询"选项，如图8-18所示；

② 单击右侧的窗口显示物流对应的"物流折扣"和"物流信息"按钮，可查阅到对应物流的详细信息。

图8-18　物流信息查询

> 📖 **高手指津**
>
> （1）单击各物流方式对应的"物流信息"按钮后显示的信息同8.13节"物流路线查询"（见图8-19）。
>
> （2）单击各物流方式对应的"物流折扣"按钮后显示的信息同8.14节"物流折扣管理"（见图8-20）。

8.13 物流路线查询

物流路线查询模块为经营者提供查看本店铺发货后具体物流路线服务。经营者可查询各商品不同发货城市到达不同目的城市的物流行走路径信息，包括计费名称、发货城市、目的城市、商品名称、距离、运输路径、单位数量、单位运价、单件加价等，为运费的估算提供数据参考。

以配送中心设立在太原为例，发货城市为太原，目前系统开放15个城市，太原到其他城市的距离、运输路径如表8-1所示。

表8-1 太原到其他城市的物流路线

目的城市	距离	运输路径
长沙	4	太原 -> 郑州 -> 武汉 -> 长沙
广州	6	太原 -> 郑州 -> 武汉 -> 长沙 -> 广州
贵阳	5	太原 -> 郑州 -> 西安 -> 重庆 -> 贵阳
哈尔滨	8	太原 -> 石家庄 -> 北京 -> 沈阳 -> 长春 -> 哈尔滨
海口	8	太原 -> 郑州 -> 武汉 -> 长沙 -> 广州 -> 香港 -> 海口
杭州	5	太原 -> 石家庄 -> 合肥 -> 杭州
拉萨	7	太原 -> 银川 -> 西宁 -> 拉萨
沈阳	4	太原 -> 石家庄 -> 北京 -> 沈阳
北京	2	太原 -> 石家庄 -> 北京
石家庄	1	太原 -> 石家庄
银川	2	太原 -> 银川
上海	6	太原 -> 石家庄 -> 合肥 -> 杭州 -> 上海
南京	5	太原 -> 石家庄 -> 济南 -> 南京
重庆	4	太原 -> 郑州 -> 西安 -> 重庆
太原	1	同城运输

物流路线查询的操作步骤如下：

① 在系统左侧窗口的"辅助工具"中，单击"物流路线查询"选项，如图8-19所示；

② 分别在右侧的窗口上方"商品""发货城市""目的城市""物流方式"右侧的下拉菜单中做出选择，筛选出想要查询的信息；

③ 单击"查询"按钮，即可看到物流路线的相关信息。

图8-19 物流路线查询

8.14 物流折扣管理

物流折扣管理模块为经营者提供查看不同物流方式需达到何种条件可享受几折优惠服务。经营者可查询到不同物流方式需满足多少交易次数和成交金额可享受多少折扣，如蚂蚁快递当满足最少交易次数20次，最少成交金额80元时，可享受7折优惠。物流折扣信息具体如表8-2所示。

表 8-2　物流折扣信息

物流	最少交易次数	最少成交金额	享受折扣
EMS	12	50	9
蚂蚁快递	20	80	7
平邮	15	70	5

物流折扣管理的操作步骤如下：

① 在系统左侧窗口的"辅助工具"中，单击"物流折扣管理"选项，如图8-20所示；

② 在右侧窗口上方 "物流方式"右侧的下拉菜单中选择想要查询的物流方式；

③ 单击"查询"按钮，即可看到物流折扣的相关信息。

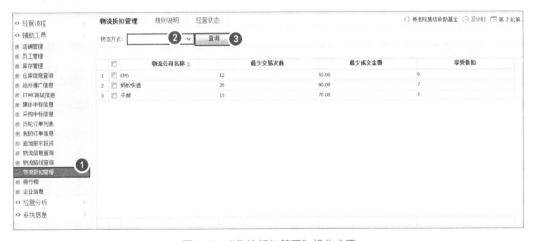

图8-20　"物流折扣管理"操作步骤

8.15 排行榜

排行榜模块为经营者提供查看各店铺当期排名情况服务。经营者可查看各店铺的得分、净利润、资产总计、慈善等的排名先后，掌握竞争对手的情况，及时调整本店铺的运营策略。

排行榜查询的操作步骤如下：

① 在系统左侧窗口的"辅助工具"中，单击"排行榜"选项；

② 在右侧的窗口左侧选择想要查询的排名方式，单击即可在右侧看到排名结果，如图8-21～图8-25所示。

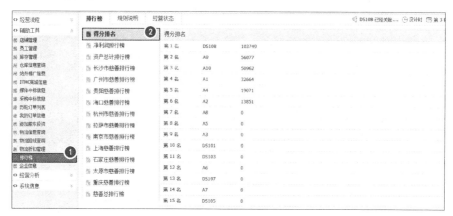

图8-21 "排行榜"之得分排名

图8-22 "排行榜"之净利润排名

图8-23 "排行榜"之资产总计排名

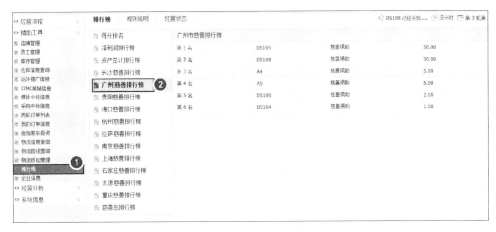

图8-24　"排行榜"之各市慈善排名

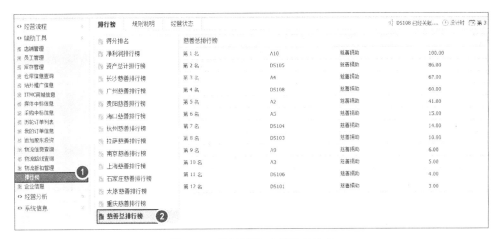

图8-25　"排行榜"之慈善总排名

📖 **高手指津**

（1）得分排名、净利润排行榜、资产总计排行榜、各市慈善排行榜和慈善总排行榜除了排名之外，还显示各组对应指标的具体值。

（2）得分、净利润、资产总计的排名在关账后查阅数值更为准确。

8.16 企业信息

企业信息模块为经营者提供查看本店铺当前基本信息、商品城市均价等服务。经营者可查看本店铺当前的企业信誉度、店铺总人气、总媒体影响力、社会慈善、店铺视觉值、B2C模式、员工经验值等，也可查看到所有竞争对手组成班级的总的相关指标数据。同时，系统会显示不同商品三种物流方式不同城市的均价供经营者参考。

企业信息查询的操作步骤如下：

① 在系统的左侧窗口的"辅助工具"中，单击"企业信息"选项；

② 在右侧的窗口即可看到相关结果，如图8-26所示。

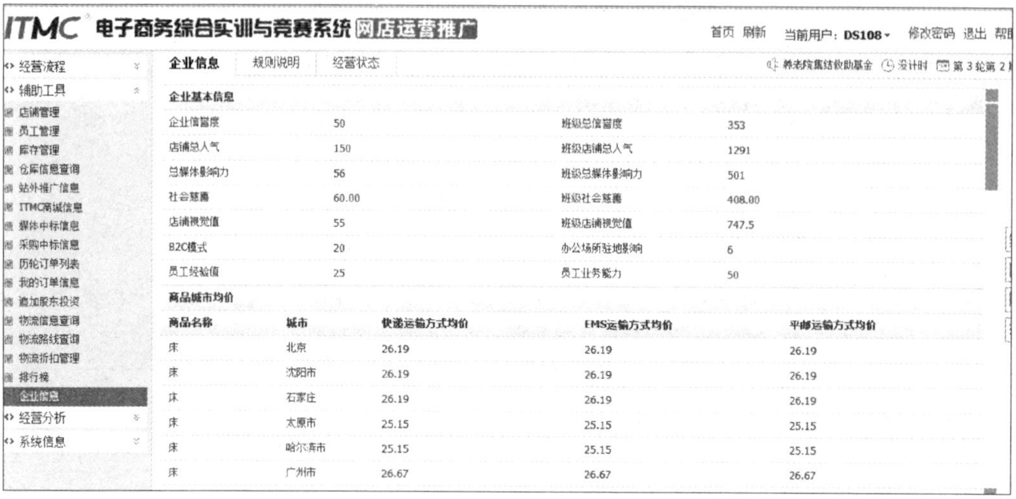

图8-26　企业信息

📖 **高手指津**

企业信息相关指标关乎经营成本，如企业信誉度，当企业信誉度达到一定标准时，即有机会享受供应商的促销优惠。

实训任务单

1．请各小组通过商城信息模块查询并记录一家竞争对手某一期的相关信息，填写表8-3。

表8-3　某一期竞争对手信息表

店铺名称	
交易额度	
订单量	
人气	
视觉值	
销售商品及一口价	
各商品 SEO 情况	
进行的活动情况	

2．请各小组记录每一期库存情况，填写表8-4。

表8-4　库存数据表

商品名称	单价	数量

CHAPTER

09

第9章
经营分析

> **学习目标**
>
> （1）了解经营分析工具的种类；
> （2）理解各类经营分析工具的作用；
> （3）掌握各类经营分析工具的使用方法；
> （4）能通过查询各分析结果做好店铺诊断；
> （5）会分析各经营结果辅助制订运营策略；
> （6）培养端正的经营分析习惯，树立合理的经营目标。

经营分析是店铺运营不可或缺的重要环节之一。店铺运营中出现的问题都是有迹可循的，而这些问题可以从经营分析中得出结论。经营分析类似于医生诊断，通过经营分析提供的数据以及数据变化寻找问题所在，对症下药提升运营效果。系统提供了市场预测图、现金流量表、财务报表、市场占有率、订单汇总统计（包括已交货订单统计和未交货订单统计）、进店关键词分析、驾驶舱以及杜邦分析等。

经营分析

9.1　市场预测图

市场预测图为经营者展示了各类商品的市场走势情况，包括市场总价值需求、市场总数量需求、市场平均价格等的预测。每幅预测图以期数为横轴，以预测值为纵轴，形成柱状图，每根柱子上方显示市场总价值需求或市场总数量需求或市场平均价格的预测具体数值，方便经营者制订运营策略。

以床为例（见图9-1），从第一轮第二期开始有市场需求，到第五轮第一期为止，其间市场总价值和总数量呈现先增后减的发展趋势，市场平均价格基本逐期减少，清晰地展示了床的市场生命周期和趋势。商品的需求预测非常重要，若某一商品预测图显示期数到某一轮某一期止，那么，经营者需在此轮此期完成货物出库和清库存的工作。否则，下一期将无法从市场上采购到此商品，也将无人购买库存中此商品。

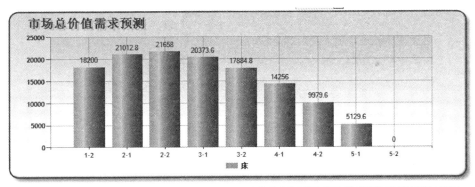

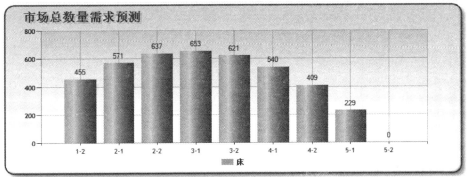

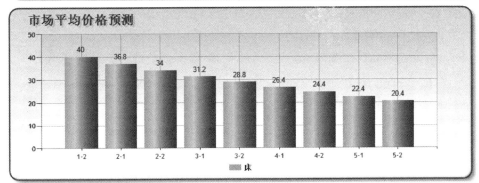

图9-1　商品床的市场预测图

查阅市场预测图的操作步骤如下：

① 在系统左侧窗口的"经营分析"中，单击"市场预测图"选项，如图9-2所示；

② 在右侧的窗口右上方"选择商品"右侧下拉菜单中选中想要查询的商品，即可获得相关预测图。

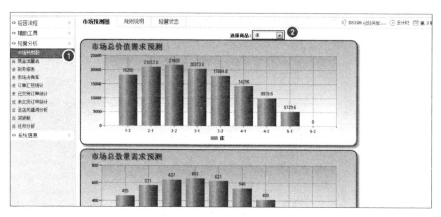

图9-2　查阅市场预测图的操作步骤

9.2 现金流量表

现金流量表是财务报表的三个基本报表之一，是反映一定时期内店铺经营活动、投资活动和筹资活动对店铺的现金及现金等价物所产生的影响的会计报表。通过现金流量表，经营者可以准确把握店铺资金的流入流出情况，为下一期的经营策略制订提供参考。系统提供了"现金流量统计"和"现金流量明细"两个工具。通过"现金流量统计"，经营者可以查阅到店铺现金流的汇总情况，包括财务科目和变动金额。双击某一财务科目，还可查看到该科目对应的具体流入流出明细情况，包括期数、报表类别、财务科目、变动金额等。

现金流量表查阅的操作步骤如下：

① 在系统左侧窗口的"经营分析"中，单击"现金流量表"选项，如图9-3所示；

② 在右侧窗口左上方"轮"右侧的下拉菜单中选中想要查询的轮数，即可获得相关现金流量统计情况；

③ 双击"现金流量统计"下的任一财务科目，即可获得该科目下的"现金流量明细"。

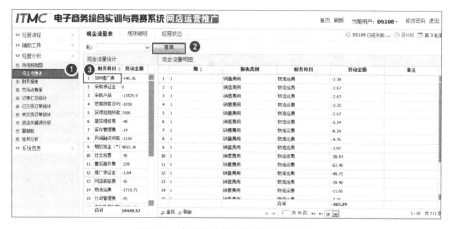

图9-3　查看现金流量表的操作步骤

9.3 财务报表

财务报表是反映店铺财务状况、经营成果和现金流量的总结性书面文件，包括资产负债表、利润表和现金流量表。资产负债表是反映店铺在某一特定日期的财务状况的会计报表。利润表是反映店铺在一定期间的经营成果的会计报表。

完成财务报表查阅的操作步骤如下：

① 在系统左侧窗口的"经营分析"中，单击"财务报表"选项；

② 在右侧的窗口会依次显示利润表和资产负债表，如图9-4所示。

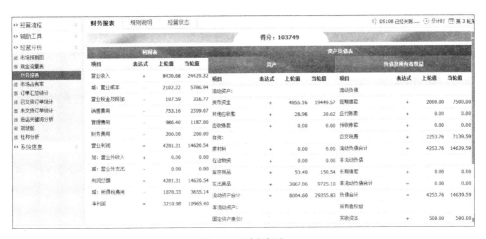

图9-4　财务报表

> **📖 高手指津**
>
> 财务报表显示的利润表和资产负债表与关账操作时的两张表一致。

9.4 市场占有率

市场占有率是指在某一段时间内店铺所经营的商品在特定市场中的销售额或销售量的占比。系统按照人群划分成综合人群、品牌人群、低价人群和犹豫不定人群四个特定市场，分别显示任何一轮任何一期某商品在四类市场中的市场占有率。

市场占有率查阅的操作步骤如下：

① 在系统左侧窗口的"经营分析"中，单击"市场占有率"选项，如图9-5所示；

② 在右侧的窗口左上角"选择轮份""选择期数""选择商品"右侧的下拉菜单中选中想要查询的参数，单击右侧"查询"按钮，即可获得相关的市场占有率情况。图9-5所示的上面两个饼图依次是综合人群市场和品牌人群市场（第二轮第二期B店完成运营后才出现）的饼图，下面两个饼图依次是低价人群市场和犹豫不定人群市场的饼图。

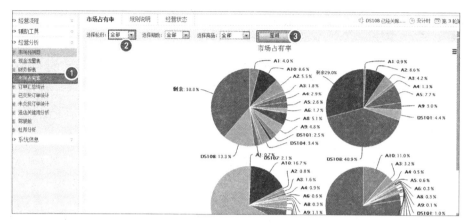

图9-5　查阅市场占有率的操作步骤

📖**高手指津**

市场占有率以饼图的形式展现，如一块蛋糕由各组瓜分，分到的多意味着本店铺在此类人群中销售商品的能力强，经营者可根据饼图数据横向和纵向对比分析本店铺与竞争对手的绩效情况，横向比较即选定某一轮某一期，分析各个店铺的市场占有情况，这有助于经营者把握本店铺在此轮此期的市场地位；纵向比较即选定某一商品分析本店铺的该商品在各轮各期的市场占有率变化情况，这有助于经营者了解本店铺该商品的销售能力的变化情况。

9.5　订单汇总统计

订单汇总统计为经营者提供了查阅本店订单信息的功能。不同于"辅助工具"下的"我的订单信息"，订单汇总统计显示本店铺每轮销售额的统计分布图，更为直观。

订单汇总统计查阅的操作步骤如下：

① 在系统左侧窗口的"经营分析"中，单击"订单汇总统计"选项，如图9-6所示；

② 在右侧的窗口即可显示相关统计分布图。

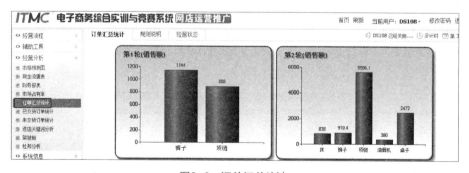

图9-6　订单汇总统计

9.6　已交货订单统计

已交货订单统计为经营者提供了查阅本店铺已交货订单信息的功能。经营者可以选择轮数和期数查询已交货订单信息，包括商品名、城市名称、合计数量、平均价格以及合计金额。

已交货订单统计查询的操作步骤如下：

① 在系统左侧窗口的"经营分析"中，单击"已交货订单统计"选项，如图9-7所示；

② 在右侧的窗口左上方"轮""期"处选择想要查询的轮数和期数；

③ 单击右侧的"查询"按钮即可获得相关信息。

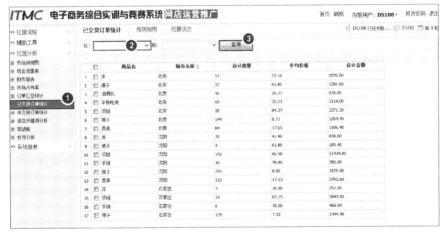

图9-7　查询已交货订单统计的操作步骤

9.7 未交货订单统计

未交货订单统计为经营者提供了查阅本店铺未交货订单信息的功能。经营者可以选择轮数和期数查询未交货订单信息，包括商品名、城市名称、合计数量、平均价格以及合计金额。

未交货订单统计查询的操作步骤如下：

① 在系统左侧窗口的"经营分析"中，单击"未交货订单统计"选项，如图9-8所示；

② 在右侧的窗口左上方"轮""期"处选择想要查询的轮数和期数；

③ 单击右侧的"查询"按钮即可获得相关信息。

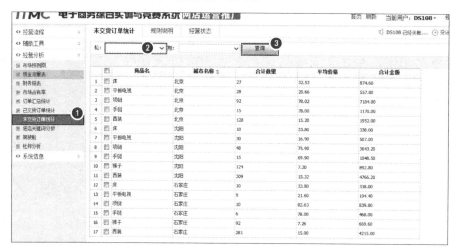

图9-8　未交货订单统计查询

📖 **高手指津**

此功能与"辅助工具"下"我的订单信息"界面右上方的"未交货统计"功能相同。

9.8 进店关键词分析

进店关键词分析为经营者提供了查阅买家进入店铺使用的关键词信息的功能。经营者可以选择SEM推广时设置的推广组和推广计划名称、商品名称，或按时间查询进店关键词信息，查询结果包括关键词、SEO和SEM的点击量、转化量、转化率，以及点击花费、平均点击花费、销售额和投入产出比等。

进店关键词分析的操作步骤如下：

① 在系统左侧窗口的"经营分析"中，单击"进店关键词分析"选项，如图9-9所示；

② 在右侧的窗口上方"推广组""推广计划""商品""时间"处选择想要查询的信息；

③ 单击右侧的"查询"按钮即可获得相关信息。

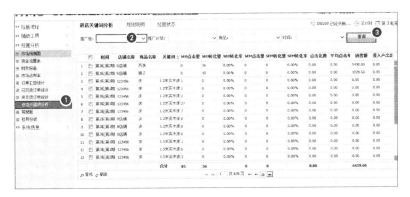

图9-9　进店关键词分析

9.9　驾驶舱

驾驶舱为经营者提供了查阅本店铺当前现金、负债率，以及销售、运营情况相关指标的功能。经营者可以通过该指标体系了解本店铺在运营过程中关键业务的数据指标及执行情况，包括当前现金和负债率的合理程度、各轮销售额趋势、人均利润率趋势以及累计营业收入成本分析等。

例如，图9-10所示的店铺当前现金处于冗余状态，建议增加资金的使用，如加大商品采购力度、提高SEM推广限额等。本店铺负债率偏低，可能是仅有短期融资，无民间融资但离"合理"程度不远，可适当增加少量民间融资。

图9-10　当前现金和负债率驾驶舱情况

图9-11所示的店铺从各轮销售额趋势来看，第二轮的销售额最高（第三轮的销售额较低是因为第二期的未计入）。人均利润率趋势呈现大幅度增长，具有较好的发展态势。进行累计营业收入成本分析可知，成本也有较大幅度的增长，后续可考虑设配区，减少物流成本。

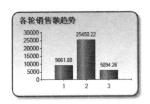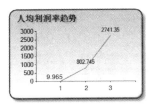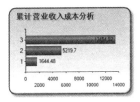

图9-11　各轮销售额趋势、人均利润率趋势及累计营业收入成本分析情况

驾驶舱查询的操作步骤如下：

① 在系统左侧窗口的"经营分析"中，单击"驾驶舱"选项；

② 在右侧的窗口即可看到查询信息，如图9-12所示。

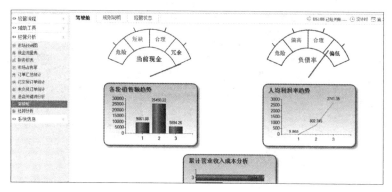

图9-12　驾驶舱

9.10　杜邦分析

杜邦分析模块为经营者提供了分析企业财务状况和经济效益服务。经营者可以通过系统提供的杜邦分析图，运用杜邦财务分析法对企业进行较为全面的分析，包括企业当前的财务状况、企业获利能力等。

杜邦财务分析法是根据各主要财务指标之间的内在联系，建立财务分析指标体系，综合分析企业的财务状况和经济效益的方法。该体系以权益报酬率为核心，将其分解为若干财务指标，通过分析各分解指标的变动对权益报酬率的影响来揭示企业获利能力及其变动原因。

杜邦财务分析体系各主要指标之间的关系如下：

权益报酬率＝资产报酬率×权益乘子；

其中，资产报酬率＝营业收入净利率×资产周转率；

权益乘子＝资产总计÷所有者权益总计＝1÷（1－资产负债率）；

营业收入净利率＝净利润÷销售额，是企业销售额对净利润的贡献程度；

资产周转率＝销售额÷资产总计，是反映企业运用资产产生营业收入的能力的指标。

某企业的杜邦分析图如图9-13所示。

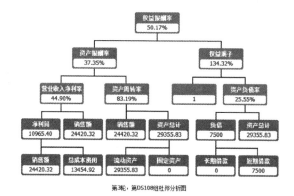

图9-13　杜邦分析图

按照公式，计算图9-13所示店铺的主要指标值，结果如下：

净利润 = 销售额 − 总成本费用 = 24420.32 − 13454.92 = 10965.40；

营业收入净利率 = 净利润 ÷ 销售额 = 10965.40 ÷ 24420.32 = 44.90%；

资产总计 = 流动资产 + 固定资产 = 29355.83 + 0 = 29355.83；

资产周转率 = 销售额 ÷ 资产总计 = 24420.32 ÷ 29355.83 = 83.19%；

资产报酬率 = 营业收入净利率 × 资产周转率 = 44.90% × 83.19% = 37.35%；

负债 = 长期借款 + 短期借款 = 0 + 7500 = 7500；

资产负债率 = 负债 ÷ 资产总计 = 7500 ÷ 29355.83 = 25.55%；

权益乘子 = 1 ÷（1 − 资产负债率）= 1 ÷（1 − 25.55%）= 134.32%；

权益报酬率 = 资产报酬率 × 权益乘子 = 37.35% × 134.32% = 50.17%。

杜邦财务分析法的基础和本质是企业股东权益最大化。将权益报酬率作为最核心的指标反映企业将所有者权益最大化作为企业的首要财务目标。杜邦财务分析法将决定权益报酬率高低的因素分为营业收入净利率、资产周转率和权益乘子三个方面。这样分解之后，可以把权益报酬率这样一项综合性指标发生升降变化的原因具体化，比只用一项综合性指标更能说明问题。对各指标的具体分析如下。

（1）权益报酬率是一个综合性最强的财务指标，是杜邦财务分析法的核心。其他各项指标都是围绕这一核心进行的，通过研究各指标彼此间的依存关系，揭示企业的获利能力及其前因后果。权益报酬率反映所有者投入资金的获利能力，反映企业筹资、投资、运营活动的效率，提高权益报酬率是实现财务管理目标，使所有者财富最大化的途径。该指标的高低取决于营业收入净利率、资产周转率和权益乘子。

（2）营业收入净利率反映了企业净利润和营业收入（销售额）的关系。提高营业收入净利率是提高企业盈利的关键，主要有两个途径：扩大营业收入（销售额）和降低成本费用。

（3）资产周转率反映企业资产总额实现营业收入的综合能力。对资产周转率的分析，需要对影响资产周转的各因素进行分析。除了对资产的各构成部分从占用量是否合理上进行分析外，还可以对流动资产周转率、存货周转率、应收账款周转率等有关各资产组成部分使用效率的指标综合分析，判明影响企业资产周转的主要问题出在哪里。

（4）权益乘子反映所有者权益与总资产的关系。权益乘子大，说明企业负债程度高，能给企业带来较大的财务杠杆利益，但同时也会给企业增加财务风险。

因此，通过杜邦财务分析法进行分析，不仅可以使经营者了解企业财务状况的全貌以及各项财务分析指标间的结构关系，还可以查明各项主要财务指标增减变动的影响因素及存在的问题。杜邦分析模块提供的上述财务信息，较好地解释了指标变动的原因和趋势，为企业进一步采取具体措施指明了方向，同时，还为企业优化经营结构和理财结构指明了方向，即提高权益报酬率的根本途径在于扩大销售、改善经营结构、节约成本费用开支、合理配置资源、加速资金周转、优化资本结构等。

杜邦分析的操作步骤如下：

① 在系统的左侧窗口的"经营分析"中，单击"杜邦分析"选项；

② 在右侧的窗口即可看到查询信息，如图9-14所示。

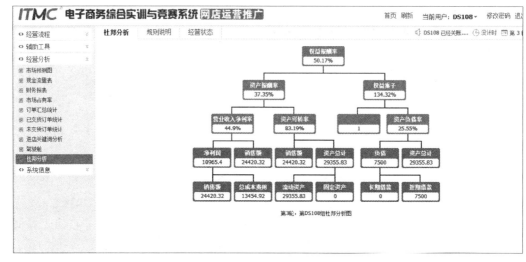

图9-14 杜邦分析

实训任务单

1. 请各小组整理并罗列各期商品的生命周期并填写表9-1。

表 9-1 商品生命周期表

商品名称	开始期数	结束期数

2. 请各小组整理并汇总每一期订单情况并填入表9-2。

表 9-2 某一期订单汇总表

商品名称	交货数量	未交货数量